廣岡秀一 監修
Hirooka Shuichi

廣岡雅子・中西良文 編
Hirooka Masako & Nakanishi Yoshifumi

わくわくコミュニケーションプログラム

● 心理学を活用した実践と評価

Pleasurable Communication Programs

ナカニシヤ出版

はじめに

　近年，コミュニケーションに関わると考えられる問題が社会的な問題として取り上げられることがあります。例えば，IT化が広まった結果，携帯メールやネット上の掲示板における言葉不足の会話によるトラブルや誹謗中傷行為が問題になることがあります。また，キレるという不適切なコミュニケーション反応による事件なども耳にすることがあります。これらの問題を全てコミュニケーション力によるものとするのは極端ですが，コミュニケーション力が少なからず関わっているものであるとはいえるでしょう。

　実際，子どものコミュニケーションに関わる環境は，大きく変化しています。その1つとしてまず挙げられるのが，**少子化による子どもの数の減少**です。これは，遊ぶ友人の数にも影響しているようです。平成13年度児童環境調査（厚生労働省，2001）によると，子どもたちは大勢で遊ぶよりも2～3人の少人数で遊んでいる様子がうかがえます。

　また，子どもの遊びの種類を見てみると，小学生・中学生ともに，毎日2時間以上の長時間にわたって，テレビゲーム・携帯ゲームなどの電子ゲームを利用している児童・生徒が一定数（2割強）いることが示されています（「第2回子ども生活実態基本調査」ベネッセ教育研究開発センター，2009）。さらに，家族内のコミュニケーションに目を向けても，例えば，毎日家族がそろって食卓を囲む家庭が3割未満であるなど，**家族内のコミュニケーションの機会が少なくなっている**という変化があります。

　これらをあわせて考えると，現代の子どもは様々な場面において，かつてよりコミュニケーションをとる機会が減少している様子がうかがえます。そして，コミュニケーションの機会が減少しているのであれば，コミュニケーション力も育ちにくくなっていると考えられるのではないでしょうか。

　では，このような環境の変化の中で，コミュニケーション力を育てていく手立てとしてどのようなものが考えられるのでしょうか。真っ先に思いつく手だては，**学校教育の中で，コミュニケーション力を育てる**機会を設けるということです。しかし，学制の発布以来，学校教育では教科に関する知識の獲得に大きなウェイトが置かれてきました。特に，進学のための入学試験では「個人」が持つ教科の学力が主に評価されます。一方で，コミュニケーション力をはじめ，自律的に行動する力，クリティカルに考える力といった子どもの社会的な能力は，入学試験にはほとんど反映されません。そのため，特に中学校以降，コミュニケーション力をはじめとした社会的な能力を高めるような教育的活動のウェイトは小さくなり，むしろ「個人」の学力を高めるという点から，子ども同士のコミュニケーションを制約する中で教育活動が行われることさえあります。その意味では，上述のような学校教育環境であれば，むしろ子どものコミュニケーション力育成の障壁になってしまう可能性すら考えられます。

　とはいえ，子ども時代の大半を過ごす学校生活の中に，コミュニケーション力を育てる志向性が幅広くいきわたるに越したことはありません。また，このような志向性が長期間にわたって続くならば，子どもの発達段階にあわせ，系統的にコミュニケーション力を育成することが可能となります。そして，子どもの生活時間の多くを占める学校教育場面でコミュニケーション力が重視され続けることにより，子ども自身もコミュニケーション力を重視するようになることが期待できます。

　実際にこのような取り組みは，既に様々な形で行われてきており，学校単位で組織的に取り組んでいるところも現れています。その1つとして，著者の一人も関わっていた，名古屋大学教育学部附属中学校でのソーシャルライフという実践があります（吉田・廣岡・斎藤，2002，2005）。そこでは，中学生を対象にコミュニケーションについて考える授業が行われていますが，その授業は年間を通して

計画・実施がなされ，非常に体系化されたものとなっています。

　このように学校教育の枠組みの中でコミュニケーション力を育てる実践活動が幅広く行われることは理想的ですし，それによる多くのメリットが存在します。ただし，限られた授業時間の中で，まとまった時間を取ることは難しく，またそれを実質的に意味ある形で行うには，カリキュラム全体を視野に入れた大がかりなプログラムの作成が必要であるという課題が考えられます。

　さて，本書で紹介するプログラムは，**わくわくコミュニケーションクラブ**という学校教育の枠組みから離れた**地域でのボランティア活動**の中で作成・実施されていたものです（わくわくコミュニケーションクラブの詳細は本書の中で折に触れて紹介します）。わくわくコミュニケーションクラブは，主に教育心理学を学ぶ三重大学教育学部の大学生・大学院生のボランティアが中心となって，コミュニケーション力育成に関わるプログラムを作成して実施しているものです。

　かつて，子どものコミュニケーション力を育成する役割の大部分を地域が担っていました。そこには，同学年の子どもの関係だけでなく，年長や年少の子どもが混在するという異年齢の関係があり，その中でコミュニケーションの取り方を自然に学習していました。このような地域での関わり合いを現在に復活させられると理想的なのかもしれませんが，現実には難しいと思われます。ですが，例えば，スポーツの指導などには，既に地域のボランティアが多数関わっているように，有志によるボランタリーな活動であれば，十分にその役割を担うことができるのではないでしょうか。ちなみに，こういった活動はボランティアを実施する側にとっても，コミュニケーション力育成に対するスキルや理解が増すという効果が期待できます。特にわくわくコミュニケーションクラブのように将来教職を目指す学生がボランティアとして関わる場合，将来の学校教育活動での展開につながることも期待できます。

　このような地域での活動は，学校教育とは異なる人間関係の展開を可能にするというメリットもあります。先述のように，地域での活動では異年齢交流を行いやすいことに加え，教室での人間関係の枠組みから逃れることもできます。教室では，級友からの見方にとらわれた固着化した関係が生まれることがありますが，地域の活動の中で行うことによって，教室の日常生活から離れた安心できる環境を作り出すことができます。子どもは，そういった安心感に囲まれてこそ，失敗を恐れずに思い切って活動に取り組むことができるのです。しかしながら，スポーツの指導などと比べ，コミュニケーション力育成についての専門的な知識を持ったボランティアは多くはないでしょう。

　本書は，コミュニケーション力育成のための具体的な方法についてまとめたものですが，その内容は，学校教育場面で教員が十分に使えるものとなるように想定されています。それだけではなく，専門的知識を持たないボランティアによる活動においても活用できることを視野に入れて作成されています。この本を読んでいただければ，地域のボランティアの方々も，子どものコミュニケーション力についてある程度専門的な知識を持って関われるようになるはずです。そして，このような活動が地域に広がることで，地域と学校，そして活動に関わる子ども自身が，コミュニケーション力育成に対する共通理解を深め，地域全体で互いに協力しながら子どものコミュニケーション力を高めようという雰囲気が広がるのではないかと期待しています。

廣岡　秀一

　本「はじめに」は，故廣岡秀一氏の草稿をもとに，廣岡雅子・中西良文・古結亜希による加筆・修正により，まとめられたものである。「はじめに」の作成にあたっては，廣岡秀一（2002）を参考としながら，草稿での本意が変わらないよう配慮を行ったつもりではあるが，若干のニュアンスの違いが生まれている可能性があることはお含みおきいただけると幸いである。

参考文献

廣岡秀一　2002　学校教育実践における社会心理学の活用―現場教師と研究者のさらなる連携を目指した試案―　三重大学教育学部附属教育実践総合センター紀要, **22**, 35-42.

引用文献

ベネッセ教育研究開発センター　2009　第2回子ども生活実態基本調査　ベネッセコーポレーション

厚生労働省　2001　平成13年度児童環境調査

吉田俊和・廣岡秀一・斎藤和志（編）　2002　教室で学ぶ「社会の中の人間行動」心理学を活用した新しい授業例　明治図書

吉田俊和・廣岡秀一・斎藤和志（編）　2005　学校教育で育む「豊かな人間関係と社会性」―心理学を活用した新しい授業例 Part2―　明治図書

目　　次

はじめに　i
本書の読み方　ix

序　章　子どもの社会性を育てる･･････････････････････････1
1.「コミュニケーション力」の重要性　1
2. 子どもが身につけるべき力とは？　3

第1章　人と出会うときのコミュニケーション
　　　　　あいさつ，自己紹介･･････････････････････････････7
人と出会い，人間関係を気持ちよく始めるためのあいさつや自己紹介の練習　7
活動例 1-①　みなさん，はじめまして—どきどき自己紹介—　9
活動例 1-②　みなさん，よろしくね—どきどきインタビュー—　14
活動例 1-③　はじめまして，こういうものですが—名刺交換ゲーム—　19
活動例 1-④　名刺交換＆質問じゃんけんゲーム　22

第2章　話し方・聞き方････････････････････････････････29
自分も相手も気持ちがよくなるコミュニケーションの基本的技術　29
活動例 2-①　聞き上手になろう　31
活動例 2-②　目配りに気をつけて話してみよう　37

第3章　頼み方・断り方････････････････････････････････47
うまく頼むことや断ることができると友だち関係もうまくいく　47
活動例 3-①　気持ちのよい頼み方　49
活動例 3-②　気持ちのよい頼み方・やさしい断り方　56

第4章　感情表現・非言語的コミュニケーション･･････････63
自分の気持ちや感情に合う豊かな表情やしぐさを使うことで生まれる効果　63
活動例 4-①　感情を伝えるジェスチャーゲーム　66
活動例 4-②　わくわく二十面相！？　72

第5章　ものの見方・他者の視点に立つこと････････････77
人に対して思い込みや決めつけをしているかも，と考える　77
活動例 5-①　ものの見方のクセに気づき，いろいろな可能性を考えよう—その1—　79
活動例 5-②　ものの見方のクセに気づき，いろいろな可能性を考えよう—その2—　88

第6章　共同制作････････････････････････････････････99
共同作業を通して個性を尊重し合い，楽しさ，達成感を味わう　99
活動例 6-①　みんなで森をつくろう　101
活動例 6-②　お魚天国—海ができたら，大漁だ！—　105

第 7 章　集団での問題解決 ································ 113
　他者と話しあいながらともに問題を解決し，他者との良好な関係を続ける力を育てる　113
　活動例 7-①　わくわくピラミッド探検隊―協力してお宝をさがせ！―　115
　活動例 7-②　わくわく宇宙船　どきどき月旅行　128

第 8 章　締めくくりの活動 ································ 139
　いろいろな活動をふりかえることでスキルはさらに身につく　139
　肯定的なメッセージを受け取る喜びから生まれる自信，自己効力感　139
　活動例 8-①　わくわく思い出クイズ　141
　活動例 8-②　別れの花束　142
　活動例 8-③　修了証　144

第 9 章　ウォーミングアップ集 ······························ 147
　ウォーミングアップの意義　147
　活動例 9-①　えんぴつゲーム　148
　活動例 9-②　じゃんけんゲームいろいろ　149
　活動例 9-③　クイズのゲームいろいろ　151
　活動例 9-④　その他のゲーム　153

第 10 章　コミュニケーション力の評価
　　　　　Performance Assessment を用いた評価の方法 ············ 155
　1．コミュニケーション力を評価する意義とこれまでの評価方法の問題点　155
　2．コミュニケーション力を客観的にとらえる重要性　155
　3．PA（Performance Assessment）という評価方法　156
　4．本活動で開発したルーブリック　159
　5．本活動で開発したタスク　160
　活動例 10-①　すごろくをつくって遊ぼう　164
　6．PA 評定のまとめ方と実例　173
　7．評定結果の活用方法　176

終　章　よりよいコミュニケーション力を育成する活動をめざして ········ 179
　1．よりよいコミュニケーション力を育成する―学習心理学の観点から―　179
　2．コミュニケーション力の高い社会をめざして　182

Column 1　他者の視点を経験する大切さ　45
Column 2　「評価する私」をふりかえる―子どもに原因を求める前に―　178

あとがき　185
付　録　187
索　引　193

シート（五十音順）

「あいさつのコツを使ってあいさつしよう！」シート　13

「あいさつのコツを使ってあいさつとヒミツの質問をしよう！」シート　26

暗号台紙　124

暗号のヒント　124

お魚天国魚釣りゲーム得点表　109

お魚天国シェアリングシート　110

「家族の「よいところ」見つけた！」シート　111

課題カード　171

「聞くときのコツを使って聞いてみよう！」シート　36

「くらべてみよう」シート　84

「これなあに？」シート（a）　85

「これなあに？」シート（b）　85

「こんなときどうする？」シート　94

「自己紹介はうまくできたかな？」シート　12

13枚の情報カード　120

修了証　145

じょうずな聞き方チェックシート　35

すごろくシート　170

隊長からの指令　119

「頼みごとできたかな？」シート　54

「頼みごとをしてみよう」シート　53

「頼みごとをしてみよう〜お家の人・友だちバージョン〜」シート　55

探検隊への指示書　123

「月でのそうなん」シート　132

「月でのそうなんの答え」　133

どきどき課題・解答用紙　122

「なぞの宇宙人からの指示」シート　134

「話し合い」シート　95

話し合いチェックシート　126

話し合いのコツチェックシート　136

「話すときのコツ，聞くときのコツはできているかな？」シート　172

「話すときのコツ，聞くときのコツはできているかな？〜月でのそうなん〜」シート　137

ピラミッドの部屋　解答図　125

ピラミッド見取り図　121

ヒントカード　135

「みんなで森をつくろう」発表シート　104

「みんなにどきどきインタビュー!!」シート　18

「目配りをしながら，話したこと，話してもらったことは？」シート　43

「もしかしたら─Aくんは何をしてる？─」シート　93

「もしかしたら─Aくんはふまじめ？─」シート　87

「もしかしたら―友だちに無視された？―」シート　86
「もしかしたら―Bくんの部屋をお母さんが見たら？―」シート　96
「やさしい断り方を考えてみよう！」シート　61
「別れの花束」シート　143
「わくコミ行動評定」シート　174
「わくわく二十面相！？」チェックシート　75
「「わくわくピラミッド探検隊」をしょうかいし，かんそうを聞こう！」シート　127

本書の読み方

　本書で紹介するプログラムは，大学院生・大学生を中心としたボランティア活動である「わくわくコミュニケーションクラブ（以下，略称として「わくコミ」という語を用いることがあります）」の中で作成・実施されたものです。この活動では，社会的スキルトレーニング（Social Skills Training，以下 SST）や構成的グループエンカウンター，社会的クリティカルシンキングに関する実践を参考にしながら，いずれかのやり方に固執することなく，子どもにとって必要なコミュニケーション力を育てるにはどんな教育支援ができるのかを考えて実践を行っています。また，「わくわくコミュニケーションクラブ」では，心理学の手法を活用した評価も行っています。本書では，この実践で行われてきた様々な活動案について紹介します。

　本書は，次のように構成されています。まず，序章では，社会性を教育することの重要性とその育成の際に意識すべき視点について論じます。第1章から第9章までは，「わくわくコミュニケーションクラブ」で実際に行ってきた活動を目的別に紹介しています。第10章では，Performance Assessment（PA）という手法による評価の実施例について紹介します。終章では，社会性の学びをよりよく促すための提案と展望が記してあります。このように順序性を想定した構成にはなっていますが，先に具体的な活動案が記されている章から読んでいただくなど，興味のあるところからご覧いただいても読み進められるように構成されています。

　本書で紹介している活動は，基本的に以下の条件を想定して構成されていますが，子どもやスタッフの人数，活動環境に合わせて，適宜アレンジして実践することが可能です。

　※本書における活動での想定条件
　【対象学年】　小学校3年生〜6年生
　【クラスサイズ】　24名
　【グループの構成】
　1グループは子ども6名で構成。各グループにはグループスタッフとしてスタッフ2名を配置。グループごとに1つのテーブルを囲んで，子どもとグループスタッフが着席。1クラスは4グループと想定。
　活動によっては，1グループ6名未満でも取り組めるものもあります。決まった人数が前提となっている活動において欠員がある場合は，スタッフが子どもの代役をすることも可能です。
　グループスタッフは，活動の進行や子どもの援助を行います。
　【活動時間】
　ここでは2時間の活動時間内で収まるものを紹介しています。実際には複数の活動例を組み合わせてちょうど2時間になるように調整しているため，活動によって実施時間が異なることにご留意ください。
　【進行】
　スタッフのひとりが司会者となって，活動の全体説明や進行を担当します。
　活動の内容によって，クラス全体で活動する場合とグループ単位で活動する場合，さらに個人で活動する場合があります。グループ単位・個人単位で行う場合は2名のグループスタッフが各グループ内で進行していき，司会者は各グループの進行状況を把握して次の活動につなげていきます。
　1回の活動の流れは，基本的には次のとおりです。
　　1．ウォーミングアップのゲーム（第9章参照）

2. 前回の「わくわくトライ（注1）」の確認
3. メインの活動
    1) 今日の活動ではどんなことをテーマとするかを司会者が説明します。
    2) 活動の際に気をつけてほしいコミュニケーションスキルについて，スタッフによるデモンストレーションを子どもに見せ，それに対する子どもの気づきを引き出しながら理解を促します。
    3) エクササイズ：実際にメインの活動を体験します。
    4) シェアリングとまとめ：エクササイズに取り組んで気がついたことをグループで話し合って共有し（シェアリング），気づき合うことを促します。そしてグループごとにシェアリングした内容をクラス全体でも共有します。司会者はその回の活動のねらいを意識しながらシェアリングしたことをまとめます。
4. クールダウンのゲーム
5. 今回の「わくわくトライ」の説明
6. ふりかえりシート（注2）への記入

（注1）わくわくトライ……活動内容の定着のために，次回までに家庭で行ってくる課題（宿題）。子どもが記入してきたシートにはスタッフがコメントを書いて子どもに返却。

（注2）ふりかえりシート……毎回の活動終了時に，活動内容の達成度や満足度を尋ねる複数の質問に子どもが4件法で回答し，さらに感想や気づきも記入するシートのこと。スタッフは，記入されたシートを見てその場でコメントを書いて子どもに返却。また，子どもの回答や感想はスタッフがその場で集計用紙に転記して，スタッフのリフレクション材料として活用。

【スタッフの役割】
・司会者…活動の全体説明や進行を行います。
・グループスタッフ…各グループにおいて司会者の進行に従って，司会者の説明の補足をしたり子どもを励ましたりしながら，子どもがコミュニカティブに活動に取り組めるように援助します。
・その他のスタッフ…司会者の補助として教材を提示したり配付物を配ったり，グループスタッフの補助として子どもへの援助をしたりします（活動内では「うろうろスタッフ」と呼ばれています）。

活動にあたっては，「活動のねらい」を明確にしてスタッフ間で共有することと，活動中にはそのねらいを達成できるよう，子どもを無理させない程度に援助していくことが，スタッフには求められます。

※本書で紹介する活動例の読み方

● 「1. この活動のねらい」について
ここでは，この活動でトレーニングできること，活動が終わったときに子どもに達成してほしい目標などが書かれています。

● 「2. 活動の流れ」について
ここでは，活動全体の進め方を，次のように大まかに説明してあります。

本書の読み方　xi

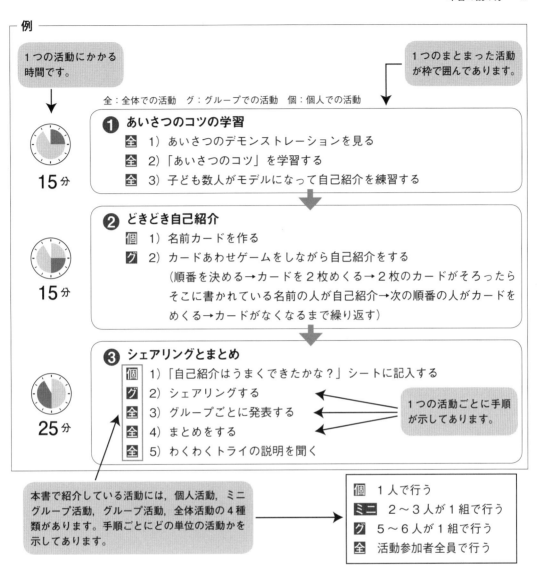

● 「3. 準備するもの」について

ここでは，活動に使うものや教材，シートなどが表にまとめられています。

例

活動	区分	準備物	サイズ	数	番号
あいさつの コツの学習	全体	「あいさつのコツ」が書かれた模造紙		1枚	
どきどき 自己紹介	個人	マジックペン			
		名前カード用の画用紙	15cm × 10cm	2枚	
シェアリングと まとめ	個人	「自己紹介はうまくできたかな？」シート	B5	1枚	1-1
わくわくトライ		「あいさつのコツを使ってあいさつしよう！」シート	B5	1枚	1-2

● 「4. 内容と進め方」について

　ここでは，それぞれの活動について詳細に説明してあります。なお，「2. 活動の流れ」と対応しています。

例

■ 4. 内容と進め方　　計55分　　←　全体にかかる時間 と それぞれにかかる時間

❶あいさつのコツの学習（15分）

1）あいさつのデモンストレーションを見る

　スタッフがあいさつのデモンストレーションをする。司会の「おはようございます」というあいさつに対して，デモンストレーションスタッフが，小さい声でもじもじして相手を見ないあいさつや体をちゃんと相手に向けずになげやりにするあいさつなど，不適切なあいさつを演じる。

←　どのように進めていくのかについて詳しく書いてあります。

● 「ココがポイント」について

　各活動によって，子どもに身につくと期待できることについて説明しています。また，活動をスムーズに行うためのスタッフの声かけや対応の仕方についても書いてあります。

例

1-1 「自己紹介はうまくできたかな？」シート

自己紹介(じこしょうかい)はうまくできたかな？

名前(なまえ) _____

☆ あいさつのコツに気をつけて，グループのみんなに自己紹介(じこしょうかい)ができたかな？
   あてはまるところ**1つだけ**に○をつけてチェックしてみよう。

	できた	まあまあ	あまり	ぜんぜん
1. 相手(あいて)を見て言う。				
2. はっきりと言う。				
3. 心をこめて言う。				
4. ちょうどいい声の大きさで言う。				

☆ むずかしかったあいさつのコツはあるかな？

☆ どうしてむずかしいと思ったのかな？

> シートはそのまま書き込めるようになって
> います。コピーなどしてご活用ください。

☆ グループの中でじょうずに自己紹介(じこしょうかい)ができていた人はだれかな？

☆ どうしてじょうずにできていたと思ったのかな？

序章
子どもの社会性を育てる

 ## 1.「コミュニケーション力」の重要性

　「コミュニケーション力は重要である」ということに異論を唱える人はほとんどいないでしょう。では，どうして重要なのでしょうか。そして，コミュニケーション力が育つとは，どのようなことでしょうか。
　本書では，コミュニケーション力を「他者と適切なやりとりをする力」と考えますが，そのような力が育っていれば他者と気持ちのよい関係を深めていくことができるでしょう。しかし，そのような力が不足していれば，互いが不快な思いをするばかりか，トラブルが生まれたり，さらには敵対的な関係を築いてしまったりすることにもなりかねません。すなわち「コミュニケーション」は，**他者との関係を築いていくことに密接に関わっている**と考えられます。
　コミュニケーション力が育っていれば，他者とのトラブルを最小限に抑えることができると考えられます。相川（1996）は，相手の反応を知覚し解読することからコミュニケーションが始まると指摘しています。相手の反応に対して解釈を誤ってしまうと悔しさや怒りなどの否定的な感情を持ちやすくなります。人はこのような否定的な感情を持つと，自分の利益だけを守ったり，相手を攻撃するような不適切な行動をとりやすくなると言われていますが，これでは，敵対的で怒りを中心とした関係である「逸脱型」の対人関係（橋本, 2006）に陥ってしまいます。一方で，不安や孤独感などが原因で他者に働きかけることができないという「過少型」の対人関係も適切であるとはいえません。しかし，コミュニケーション力が育っていれば，相手が示す多くの反応に注意を向け，相手の真意を確かめるなど自ら適切に働きかけることができ，結果的に誤解やトラブルを避けることができると考えられます。
　他者と気持ちのよい関係を築くことができると，さらに次の3つのメリットがあると考えられます。1つ目は，**精神的な健康の維持**です。良好な関係を築いている相手との間では，互いに相手を思いやり，何かあったときには助け合う，支え合うということがごく当たり前に行われるでしょう。つまり，他者と良好な関係を築くと，他者から様々な形で助けを得られやすくなるともいえます。このような他者との間にある社会的な支援関係をソーシャル・サポートと呼びます（岡安・嶋田・坂野, 1993）。このソーシャル・サポートは精神的な健康にポジティブな影響を与えることが多くの研究で指摘されています。大学新入生を対象とした調査でも，「家族や友人は必要な時にサポートしてくれる」という期待が精神的な健康を維持するように働くことが示されています（福岡, 2007）。このように，友人などの他者と気持ちのよい関係を築くことによって，困ったときには助けてもらえるような関係を持つことができれば，精神的な健康の維持にもつながるといえるでしょう。

2つ目は，**学習への動機づけや課題解決**に関するものです。学業場面においても他者との良好な関係を築いていくことは重要です。学習への動機づけ，つまり勉強へのやる気につながる人間関係として，速水（2007）は「親和的な関係」を挙げています。このような関係がある学級内では，子どもたちは競争よりも協同を志向し，例えばわからないところを教え合ったりするなど，学習に関するコミュニケーションが活発になり，結果として学力も向上すると指摘しています。反対に，葛藤が生じやすく，ねたみや憎しみさえ存在するような関係では，そのようなストレスにさらされる分，学習へエネルギーを注ぐことが難しくなってしまいます。競争も協同と同じように課題達成への動機づけを高めますが，競争状態ではそのやる気が成果に反映されないことが示されています（Shaw, 1958）。近年は学業場面において協同学習が用いられることが増えてきています。グループで他者と関わりながら課題に取り組むわけですから，コミュニケーション力を発揮することが期待されます。つまり，このような課題を通して，教科に関する知識を身につけるだけでなく，自主的な学習態度や個人の責任感を滋養することが学校でも求められているといえます（杉江，2007）。

　最後に，**自己のアイデンティティ獲得**に関するものについて取り上げます。アイデンティティとは「自分は自分である」という感覚のようなものであり，アイデンティティ獲得は青年期における大きな発達的課題であると考えられています（久世，1989）。さて，友人関係が精神的な健康の維持において重要となることは先に述べましたが，自己概念の形成においても重要となることが多くの研究で指摘されています（藤田・伊藤・坂口，1996）。自分とはどのようなものであるかという意識を形成する過程，つまり自分自身を知る過程においては，自分と他者の行動や特性を比較するといった社会的比較や他者が自分に向けた反応を手がかりにすると言われています（高田，1992）。つまり人は，他者との関係を通して自分の存在を認識するのです。したがって，他者と適切な関係を築くことができなければ，自分がどのような存在であるかという自己概念の形成が十分にできなくなってしまうのです。

　また，個人の社会的な位置づけは職業によって明確化されるため，職業選択もアイデンティティ獲得に関わる中心的な課題となります（下山，1998）。近年は職業選択に関するものが学校教育場面でも積極的に取り扱われるようになってきました。国立教育政策研究所生徒指導研究センター（2009）によれば，平成20年度にはほぼ全ての公立中学校で職場体験が行われ，公立高等学校（全日制・定時制）においても69.1%でインターンシップが実施され，その実施校は年々増えています。そのような職場体験ではまさに実践的なコミュニケーション力が求められます。そのため，コミュニケーションに関して具体的に学習することで，不安を持ちながらも職場体験で自主的に行動しようとする意識が上昇し，実際に受け入れ先からも評価されたという報告があります（金山・中台・江村・前田，2005）。このように，青年期で重要とされるアイデンティティ獲得という観点からみても，また，それにつながるキャリア形成という観点からみても，コミュニケーション力は影響を及ぼすと考えられます。

2. 子どもが身につけるべき力とは？

1) 重要なコミュニケーションの側面

　子どものコミュニケーション力を育てるためには，子どもたちに何を習得させたいのかを明確にしておく必要があります。ここでは，子どもに身につけさせたい具体的なコミュニケーション力について，特に重要だと考えられるものを取り上げます。

　まず最も基本的なコミュニケーションとして，「話す」・「聞く」という行動が挙げられます。コミュニケーションの定義は様々になされていますが，その根本になるものが「情報の伝達」ということです。したがって，対人的なコミュニケーションを考えると，言語によって相手に情報を伝える「話す」という行動がコミュニケーションの出発点となるものといえるでしょう。一方，「話す」という行動の先には，他者がそれを受け取るという行動，すなわち「聞く」という受け手の行動が必要になります。このように，「話す」と「聞く」は，一対の基本的な社会的行動として理解できます。

　さて，他者とのコミュニケーションを考えたときに，自分の言いたいことが言えず後になって後悔する人や，いつも自分の意見を相手に一方的に押しつけてしまっている人もいるのではないでしょうか。これでは他者と気持ちのよい関係を築くことはできません。自分の意図や意志，気持ちなどを相手に伝えることは，互いが気持ちよく過ごすためには不可欠なことです。ここで重要となるのが，自己を適切な形で主張するというコミュニケーションです。相手が不快になったり，困ったりしてしまうような主張の仕方では好ましくありません。近年教育現場でも「アサーション」が注目されていますが，「アサーション」とは，さわやかな自己表現のことであり，かつ自分も相手も尊重した表現のことです（平木, 2009）。アサーティブに振る舞えることと自分に自信を持てるということは関連し（平木, 2009），またアサーティブな表現ができる人は自分自身を受け入れることができるということも示されています（沢崎, 2006）。では，アサーションの具体的な場面を考えてみましょう。その1つとして，「頼む」というコミュニケーションがあります。他者にものごとを「頼む」際には，相手のことを尊重しながら自らの意図を伝える必要があります。一方で，他者から頼まれた場合，それをいつでも引き受けられるわけではありませんから，ときには他者からの頼みを「断る」ことも必要です。「断る」際にも，自らの意図だけでなく，相手を尊重することが重要です。

　ところで，他者に何かを伝える方法は，言語によるものだけとは限りません。体の動きや声の調子など言語以外のものを用いることもあります。そういったコミュニケーションを「非言語的コミュニケーション」といいます。先ほど挙げた「聞く」という行動に伴って，うなずくという行動を行うことがありますが，これは相手の話を聞いていますよという非言語的なメッセージを伝えるものであるといえます。また，自分の状態を示す代表的な非言語コミュニケーションに表情があります。言語は使いませんが，他者に自分の感情状態が伝わります。例えば，誰かに贈り物をしたとき，眉間にしわを寄せながら「うれしい」と相手に言われたら，どんな風に感じるでしょうか。言語的行動と非言語的行動が矛盾しているときに，非言語的な行動に本当の気持ちがもれ出すことがあると

いわれていますが（Rotenberg, Simourd, & Moore, 1989），このように考えると非言語的な行動を上手に表出あるいは抑制し，また，他者の反応も的確に読み取ることは重要であるといえます。

コミュニケーションの基本として，相手からの伝達内容の受け取りが含まれると最初に述べましたが，他者の反応をどのように捉え，どのように解釈するかによって，次に選ぶ行動は変わるはずです。ですから，相手から受け取ったことについて，「どのように考えるか」ということも重要であると考えられます。これに関わるものとして「社会的クリティカルシンキング」というものが挙げられます（廣岡・元吉・小川・斎藤，2001）。クリティカルに考えるということは，人が陥りやすい思考の落とし穴や先入観による影響を十分に自覚した上で，そこから脱却し，ものごとを冷静に，客観的に，論理的に考え，判断していくことです（宮本・道田・谷口・菊池，1996）。これは，日常生活の中で役立つ良質の思考力だといえます。例えば，向こうからやってきた相手にあいさつをしたのに，返事がなかったとしたら「嫌だな」と感じるでしょう。しかしここで，相手は失礼なやつだ，自分は嫌われているのだと決めつけるのではなく，あいさつが聞こえなかったのかもしれないな，ここに来る前に何か嫌なことがあったのだろうか，体調が悪いのだろうかなどと，さまざまな可能性を考えることができると，誤解から生じるトラブルを避けられる可能性が増えます。

以上より，子どもたちに身につけさせたいコミュニケーション力として，本書では，最も基本的な「**話す**」力，「**聞く**」力，主張的な「**頼む**」力，「**断る**」力，そして適切に感情を表出したり抑制したりする力をはじめとする「**非言語的なコミュニケーション**」の力，そして，「**社会的クリティカルシンキング**」ができる力を挙げたいと考えています。

■ 2)「互いを尊重し合う」ことの重要性：自分も相手も大切にする

それでは，前節で挙げたような力を身につけるには何に注目すれば良いのでしょうか。そこで，以下ではこの点について考えていきたいと思いますが，ここで取り上げることは，表面的な「技術」の背後にある「コミュニケーションをとる際に大切なこと」の理解にもつながるものでしょう。

まず，最も基本的なコミュニケーションとして挙げた，「話す」，「聞く」から見ていきましょう。「話す」コミュニケーション力（本書では，「話すスキル」と言います。第2章参照）の場合，話す内容の他に，「1.相手にむかって話す，2.相手に聞こえやすい声で話す，3.はっきりと話す」が重要なポイントとして挙げられます。これらに気をつけて話すと，相手は聞きやすくなり，話している内容が相手に伝わりやすくなります。また，「聞く」コミュニケーション力（本書では，聞くスキルと言います。第2章参照）の場合は，「1.話す人のほうに顔と体を向けて聞く，2.よそ見やよそ事をせずに聞く，3.うなずいたりあいづちをうったりする，4.最後まで聞く」が重要なポイントとして挙げられます。これらに気をつけて聞くと，相手は気持ちよく話すことができます。これらは共に，「相手がやりやすいように」という視点が含まれています。たとえば，相手が気持ちよく話を聞いてくれれば，たくさんのことを話したくなります。そうして互いが楽しく会話をすることになるでしょう。このように考えると，相手が気持ちよく「話せる／聞ける」ように，こちらが「聞く／話す」ことは，相手のためだけでなく，自分のため，そして互いのためにもなるのです。

もう1つの例として,「頼む」・「断る」という自己を主張するコミュニケーション（本書では,頼むスキル・断るスキルと言います。第3章参照）を取り上げて考えます。他者に何かを頼む場合,「1. 頼み事をする理由を言う, 2. 頼み事を具体的に言う, 3. 頼み事がかなえられたときの結果を言う」ことが重要なポイントとして挙げられています。いきなり「これをやってくれ」と頼むことは,適切でない場合があります。自分が困っていることを説明し,こういう風に手伝ってくれるととても助かるのだ,という自分の状況や思いをさわやかに伝えることによって,相手は自分がどんな風に必要とされているかがわかり,頼み事を引き受けやすくなるでしょう。

一方で,たとえさわやかに頼み事をされたとしても,どうしても引き受けられないことがあります。断る場合,「1. 謝る, 2. 断る理由を言う, 3. 断ることを言う, 4. 代案を提示する」が重要なポイントとして挙げられています。ときどき「ムリ」と一言で断ってしまう場面を見かけますが,それでは頼み手自身が拒否されているような印象を与えてしまいます。もちろん,できないということをきちんと伝えることは大切です。引き受けてくれるのだと誤解されていたら,互いが不利益を被ってしまいます。できないということだけでなく,なぜできないのかという理由を一言添えるだけでも随分印象は変わります。さらに代案を出すことで,相手の頼み事を引き受けられないが,困っている相手を気に掛けているという気持ちを伝えることもできます。すると,断られた相手は,断られたことに対して不快な思いをせず,むしろ納得して受け入れやすくなることすらあります。断ることが苦手だと思っている人は多いようですが,このようなことに気をつけて断れば,頼み事を断ったからといって相手との関係が悪化するわけではないのです。

これら以外にも,それぞれのコミュニケーション行動に応じて,ポイントとなるコツがありますが,いずれも自分だけでなく他者も大切にすることによって,さわやかで気持ちのよいコミュニケーションとなることを基盤としています。すなわち,これらには,「**自分の視点に立つ　自分の立場だけで考える**」だけでなく「**他者の視点に立つ　他者の立場で考える**」という点が共通しているともいえます。他者と良好な関係を築くコミュニケーション力の中心となるのは,自分も相手も大切にする,つまり「**互いを尊重し合う**」ということなのです。そうすると他者も,自分と相手を大切にしようとします。「アサーティブ」な考え方としても,自分だけ,あるいは他者だけが都合よく過ごせればいいという考え方ではなく,どちらも気持ちよく過ごすということが重視されています。実際に,他者の視点に立って共感できるという力が,不良行為やいじめといった社会規範に逸脱する行動を抑制する可能性をもつことも示されています（田中・水野・今野・山田・杉浦・菊地, 2005）。

このように,核となる考え方を身につけることで,さまざまな場面でコミュニケーションのポイントとなるコツを応用し,より幅広く「コミュニケーション力」を発揮できると期待できます。

3）実態に応じた育成

コミュニケーション力を育成する活動に参加しても,教えられたことを機械的に覚え,使う,ということだけでは不十分です。なぜなら場合によっては,ある場面では十分に機能したことが,そのままでは別の場面では不適切である

こともあるためです。また，単に子ども同士がコミュニケーションをとる時間が設定されているだけでは実際に効果は上がらないでしょう。これまでに述べてきたような，基本的なコミュニケーションに対する考え方や，具体的にどういったコミュニケーションスキルをターゲットにして育成するのかを明確にすることで効果が上がると考えられます。本書で紹介する活動は，それぞれのコミュニケーション力の特長にできる限り対応したものを挙げていますから，必要に応じて活用することができますが，子どもの実態によっては，本書の活動を参考に新たな活動を考案・作成することも考える必要があるかもしれません。その際にも，どのような子どもの，どのような力を育成したいのかを意識することによって，より活動の効果が上がると考えられます。

文献

相川充　1996　社会的スキルという概念　社会的スキルとは何か　相川充・津村俊充（編著）　社会的スキルと対人関係自己表現を援助する　誠信書房　pp.3-21.

藤田英典・伊藤茂樹・坂口里佳　1996　小・中学生の友人関係とアイデンティティに関する研究：全国9都県での質問紙調査の結果より　東京大学大学院教育学研究科紀要，**36**, 105-127.

福岡欣治　2007　大学新入生のソーシャル・サポートと心理的適応—自己充実的達成動機の媒介的影響　静岡文化芸術大学研究紀要，**8**, 69-77.

橋本剛　2006　ストレスをもたらす対人関係　谷口弘一・福岡欣治（編著）　対人関係と適応の心理学　北大路書房

速水敏彦　2007　人間関係と動機づけ　中谷素之（編著）　学ぶ意欲を育てる人間関係づくり　動機づけの教育心理学　金子書房　pp.1-10.

平木典子　2009　改訂版アサーション・トレーニング—さわやかな〈自己表現〉のために—　金子書房

廣岡秀一・元吉忠寛・小川一美・斎藤和志　2001　クリティカルシンキングに対する志向性の測定に関する探索的研究（2）　三重大学教育実践総合センター紀要，**21**, 93-102.

金山元春・中台佐喜子・江村理奈・前田健一　2005　中学校における職場体験学習と連動したソーシャルスキル教育　広島大学大学院教育学研究科心理学講座，**5**, 131-148.

国立教育政策研究所生徒指導研究センター　2009　平成20年度職場体験・インターンシップ実施状況等調査結果（概要）

久世敏雄　1989　青年期と青年心理学　久世敏雄（編）　青年の心理を探る　福村出版

岡安孝弘・嶋田洋徳・坂野雄二　1993　中学生におけるソーシャル・サポートの学校ストレス軽減効果　教育心理学研究，**41**, 302-312.

Rotenberg, K. J., Simourd, L., & Moore, D.　1989　Children's use of a verbal-nonverbal consistency principle to infer truth and lying. *Child Development*, **60**, 309-322.

沢崎達夫　2006　青年期男女におけるアサーションと攻撃性および自己受容との関係　目白大学心理学研究，**2**, 1-12.

Shaw, M. E.　1958　Some motivational factors in cooperation and competition. *Journal of Personality*, **26**, 155-169.

下山晴彦　1998　青年期の発達　下山晴彦（編著）　教育心理学Ⅱ発達と臨床援助の心理学　東京大学出版会　pp.183-208.

杉江修治　2007　協同で育てる学びへの意欲　中谷素之（編著）　学ぶ意欲を育てる人間関係づくり　動機づけの教育心理学　金子書房　pp.111-128.

高田利武　1992　セレクション社会心理学3　他者と比べる自分　サイエンス社

田中純夫・水野基樹・今野亮・山田泰行・杉浦幸・菊地奈美　2005　高校生における逸脱行動と共感性および暴力肯定観との関連　順天堂大学スポーツ健康科学研究，**9**, 21-32.

ゼックミスタ, E. B.・ジョンソン, J. E.　1996　宮本博章・道田泰司・谷口高士・菊池聡（訳）クリティカルシンキング　入門篇　北大路書房（E. B. Zechmeister, & J. E. Johnson　1992　*Critical Thinking: A Functional Approach*. Wadsworth, A Divison of Inernational Thompson.）

第1章
人と出会うときのコミュニケーション
あいさつ，自己紹介

人と出会い，人間関係を気持ちよく始めるための あいさつや自己紹介の練習

　子どもは，友だちに会ったときにどんな言葉をかけるでしょうか。「おはよう」，「オッス」，「おぅ」，「よぉ」……。人と出会ったときにはまず何かしらの呼びかけをしているはずです。しかし中には，友だちになかなか声をかけられなかったり，どう言葉をかけてよいのかがわからなかったり，あるいはいきなり話を始めてしまって相手を驚かせたりと，最初のあいさつにつまずき会話に発展しない場合もあるようです。また，初めて会った人と話すとき，恥ずかしくてもじもじしていたり，こんなことを言ったら相手に自分が変に思われないだろうかとうまく言葉を出せなかったり，逆に相手の気持ちにおかまいなしに自分のペースでまくし立てて相手に不快な思いをさせたりしている場合もあるでしょう。さらに，互いの第一印象がこれからの人間関係の展開に影響を及ぼすということを過敏に意識して，初めての出会いの場面に不安を感じている子どももいるでしょう。

　そんな子どもたちには，人と出会って関係を続けていくための第一歩として，あいさつや自己紹介のやり方を，「上手にできるコツ」を利用しながら学習することがオススメです。子どもが安心できる場所を設定し，そこでよりよいコミュニケーションをするためのコツを学び，それを意識しながら練習してみるのです。何度か練習すると，思ったより簡単にできることがわかり，人に声をかけるときの抵抗感や不安よりも，やってみようという意欲の方がふくらむことでしょう。すると，実際の場面でも気後れせずにあいさつできるようになったり，その後の会話でも練習したやり方を用いてうまく自己紹介をして会話を進めることができたりし，人間関係を気持ちよく深められるようになるでしょう。また，あいさつや自己紹介が問題なくできている子どもにとっても，これらの会話のコツを学び，理解を深めることによって，さらなるスキルアップが期待できます。

　気持ちのいいコミュニケーションをするためのコツを学び，それを自分を受け止めてくれる人たちの中で練習してみることで，子どもたちは「できる」という手応えが得られることでしょう。また，自己紹介がうまくできれば，話が弾み，互いの顔や名前を覚えることを楽しく感じ，あたたかい関係を築いていくことでしょう。こういった経験が重ねられることによって，自分に自信を持てるようになり，新しく出会う人にも気軽に声をかけて交友関係をどんどん拡げていくことができると期待できます。

　このような学習効果を期待して，本章では，4つの活動を用意しました。まず小グループでの活動を主とした2つの活動を紹介します。

1-① 「みなさん,はじめまして―どきどき自己紹介―」

単に順番に自己紹介するのではなく,グループでゲームをすることによって,あらたまったあいさつをするという抵抗感を低くしながら,自己紹介をする練習をします。

1-② 「みなさん,よろしくね―どきどきインタビュー―」

自分が一方的に自己紹介するのではなく,インタビュアの質問に答えるという形をとって,二者での会話を練習します。これによって,人と出会ったときに互いのことをよく知るための会話の進め方について学習できます。

さらに,20～30人ぐらいの参加者が同時により多く知り合う機会を作るために,全体活動を主とした1-③と1-④の2つの活動を用意しました。

1-③ 「はじめまして,こういうものですが―名刺交換ゲーム―」

名刺交換をとおして,きちんとあいさつする練習をします。さらに,集めた名刺をグループに持ち帰ってみんなで見せ合うことで,自分が名刺交換をした相手以外の情報も知ることができます。

1-④ 「名刺交換&質問じゃんけんゲーム」

1-③の発展型です。名刺交換した後に相手とじゃんけんをして,勝った方が相手に質問できます。じゃんけんに勝って答えをたくさん集めるゲームですから,グループ間で競いあいながら楽しめるプログラムです。

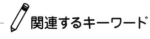 **関連するキーワード**

関係開始行動,あいさつ,自己紹介,互いを知りあう,成功体験,自信

● **こんな子どもに……**
- 人に話しかけるのが苦手な子ども
- 引っ込み思案な子ども
- ぶっきらぼうな子ども
- あいさつの仕方を知らない子ども

● **こんな効果!**
- 気後れせずにあいさつできる
- あいさつの仕方や話の進め方がわかる
- あいさつできたという成功体験を増やす
- 友だちを作れる

第1章 人と出会うときのコミュニケーション　9

活動例1-①

みなさん，はじめまして―どきどき自己紹介―

1. この活動のねらい

　グループのなかま同士で自己紹介をします。ひとりひとりの自己紹介が漫然とならないように，決まった順番に自己紹介するのではなく，ゲームを通して順番を決めて自己紹介をしていきます。子どもは，自分の順番がいつ来るかわからないので，どきどきしながら緊張感を持ってゲームに参加できます。自己紹介では，自分の好きなものとそれを選んだ理由をきちんと話すという練習をします。

2. 活動の流れ

全：全体での活動　グ：グループでの活動　個：個人での活動

15分

❶ **あいさつのコツの学習**
- 全　1）あいさつのデモンストレーションを見る
- 全　2）「あいさつのコツ」を学習する
- 全　3）子ども数人がモデルになって自己紹介を練習する

15分

❷ **どきどき自己紹介**
- 個　1）名前カードを作る
- グ　2）カードあわせゲームをしながら自己紹介をする
（順番を決める→カードを2枚めくる→2枚のカードがそろったらそこに書かれている名前の人が自己紹介→次の順番の人がカードをめくる→カードがなくなるまで繰り返す）

25分

❸ **シェアリングとまとめ**
- 個　1）「自己紹介はうまくできたかな？」シートに記入する
- グ　2）シェアリングする
- 全　3）グループごとに発表する
- 全　4）まとめをする
- 全　5）わくわくトライの説明を聞く

3. 準備するもの

活動	区分	準備物	サイズ	数	番号
あいさつの コツの学習	全体	「あいさつのコツ」が書かれた模造紙		1枚	
どきどき 自己紹介	個人	マジックペン			
		名前カード用の画用紙	15cm×10cm	2枚	
シェアリングと まとめ	個人	「自己紹介はうまくできたかな？」シート	B5	1枚	1-1
わくわくトライ		「あいさつのコツを使ってあいさつしよう！」シート	B5	1枚	1-2

4. 内容と進め方　　計55分

❶あいさつのコツの学習（15分）

1）あいさつのデモンストレーションを見る

　スタッフがあいさつのデモンストレーションをする。司会の「おはようございます」というあいさつに対して，デモンストレーションスタッフが，小さい声でもじもじして相手を見ないあいさつや体をちゃんと相手に向けずになげやりにするあいさつなど，不適切なあいさつを演じる。

2）「あいさつのコツ」を学習する

　子どもに，気持ちのよいあいさつをするために気をつけることを考えさせる。数人の子どもに，考えたことを発表させながら，「あいさつのコツ」を紹介して説明する。

◆あいさつのコツ
1. 相手を見て言う
2. はっきりと言う
3. 心をこめて言う
4. ちょうどいい大きさの声で言う

3）子ども数人がモデルになって自己紹介を練習する

　子ども数人に，これらのコツを意識して気持ちのよいあいさつをするように指示し，みんなの前で行わせる。司会者は，子ども1人ずつについて，あいさつのコツのどれがどのようにできていたかを確認してから「ありがとう」とねぎらい，拍手して席に戻す。

❷どきどき自己紹介（15分）

　グループで，以下のようにカードあわせゲームをしながら自己紹介をする。

1）名前カードを作る

　子ども全員に白紙のカードを2枚ずつ配り，2枚とも自分の名前を書かせてカード合わせゲーム用の名前カードを作る。

2）カード合わせゲームをしながら自己紹介をする

（1）カードを裏向きにして机に広げ，めくる順番を決めて

から，カードを 2 枚めくる。

（2）2 枚のカードに書かれている名前が一致したら，カードあわせゲームを中断して，カードの名前の人が「あいさつのコツ」を意識して自己紹介する。自己紹介では，「こんにちは。はじめまして，○○です。好きな動物は，△△です。好きな理由は，××だからです。よろしくお願いします」と言う。カードはめくった人がもらい，次の順番の人と交代する。

※自己紹介の話題は，好きな「動物」の他に，遊び・教科・季節・食べ物などでもよい。

（3）カードあわせゲームを再開し，全員が自己紹介を終えるまで，順にめくっていく。

（4）一番多くカードを取った人に拍手を送る。

❸ シェアリングとまとめ（25 分）

1）「自己紹介はうまくできたかな？」シートに記入する

あいさつのコツの中でむずかしかったものなどをふりかえり，「自己紹介はうまくできたかな？」シート（1-1）に各自が記入する。

2）シェアリングする

チェックシートに記入したことについてグループで紹介しあい，シェアリングする。

3）グループごとに発表する

グループでの意見を全体に発表する。

4）まとめをする

> まとめの例
>
> 今日は，初めて会ったグループの人たちと仲よくなるために，自己紹介をしました。最初にきちんとあいさつするとお互いにさわやかな気持ちになりますし，友だちの名前や好きなものがちゃんとわかりましたね。お互いのことがわかると次も安心して話せるし，仲よくなるきっかけにもなります。このように，きちんとあいさつすることは人と関わるためにとても大事なことなのです。ですから，人と出会うときには，あいさつのコツを思い出して，まずきちんとあいさつしてみましょう。そこから楽しい関係がきっと始まるはずです。

5）わくわくトライの説明を聞く

あいさつのコツに気をつけて，家族や友だちにあいさつをし，コツができたかどうかを「あいさつのコツを使ってあいさつしよう！」シート（1-2）に記入してくるよう伝える。

ココがポイント！

> 自己紹介の順番をカードあわせゲームで決めることによって，いつ自己紹介の順番が回ってくるかわからないため，全員がどきどきしながらカードあわせゲームに参加できます。また，カードあわせゲームを楽しむ中で自己紹介をするため，引っ込み思案な子どもでもゲームのルールとして自己紹介ができてしまいます。スタッフは，子どもがあいさつのコツを使えているかどうかを確認します。できていなければコツに気をつけるように促して再度言い直させ，できていたら上手にできていたことを子どもに伝えて，ひとりひとりにきちんとフィードバックしていきます。楽しい雰囲気の中で活動が行われるため，あいさつのコツをスタッフが促しても，子どもはそれを抵抗なく受け入れて自己紹介の練習ができてしまいます。

1-1 「自己紹介はうまくできたかな？」シート

自己紹介はうまくできたかな？

名前 _____

☆ あいさつのコツに気をつけて，グループのみんなに自己紹介ができたかな？
　あてはまるところ１つだけに〇をつけてチェックしてみよう。

	できた	まあまあ	あまり	ぜんぜん
1. 相手を見て言う。				
2. はっきりと言う。				
3. 心をこめて言う。				
4. ちょうどいい声の大きさで言う。				

☆ むずかしかったあいさつのコツはあるかな？

☆ どうしてむずかしいと思ったのかな？

☆ グループの中でじょうずに自己紹介ができていた人はだれかな？

☆ どうしてじょうずにできていたと思ったのかな？

1-2 「あいさつのコツを使ってあいさつしよう！」シート

あいさつのコツを使ってあいさつしよう！

名前（なまえ）_____

～コツに気をつけて，家族や友だちにあいさつをしてみよう！～

一人目　だれにどんなあいさつをしたのかな？

　　　　あいさつをした相手（あいて）　　　　　こんなあいさつをしたよ！

[　　　　　　　　　　] [　　　　　　　　　　　　　　　　]

☆　あいさつのコツに気をつけてできたかチェックしてみよう！

	できた	まあまあ	あまり	ぜんぜん
1. 相手（あいて）を見て言う。				
2. はっきりと言う。				
3. 心をこめて言う。				
4. ちょうどいい大きさの声で言う。				

- -

二人目　だれにどんなあいさつをしたのかな？

　　　　あいさつをした相手（あいて）　　　　　こんなあいさつをしたよ！

[　　　　　　　　　　] [　　　　　　　　　　　　　　　　]

☆　あいさつのコツに気をつけてできたかチェックしてみよう！

	できた	まあまあ	あまり	ぜんぜん
1. 相手（あいて）を見て言う。				
2. はっきりと言う。				
3. 心をこめて言う。				
4. ちょうどいい大きさの声で言う。				

もっとたくさんの人にあいさつした人は，この紙のうらに書いてね！

活動例 1-②

みなさん，よろしくね—どきどきインタビュー—

1. この活動のねらい

　インタビューに答えるという形で自己紹介をします。質問を受けたら理由をつけて答えるというきまりにして，しっかりと話すことを練習します。インタビュアと楽しく会話できたという経験から，互いのことを知りあう会話をすることへの意欲を高めます。そして，互いのことをよく知るために使える話題や会話の進め方についても学習します。

2. 活動の流れ

全：全体での活動　グ：グループでの活動

10分

❶ あいさつのコツの学習
　全　1）あいさつのデモンストレーションを見る
　全　2）「あいさつのコツ」を学習する
　全　3）子ども数人がモデルになって自己紹介を演じる
　全　4）上手な自己紹介を見る

30分

❷ どきどきインタビュー
　全　1）どきどきインタビューのデモンストレーションを見る
　グ　2）インタビューの順番を決める
　グ　3）どきどきインタビューをする
　　　（あいさつ→インタビュアが質問カードを引いて質問する→回答と理由→あいさつ→交代）

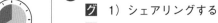

20分

❸ シェアリングとまとめ
　グ　1）シェアリングする
　全　2）グループごとに発表する
　全　3）まとめをする
　全　4）わくわくトライの説明を聞く

3. 準備するもの

活動	区分	準備物	サイズ	数	番号
あいさつのコツの学習	全体	「あいさつのコツ」が書かれた模造紙		1枚	
どきどきインタビュー	全体	のび太くん，ジャイアン，しずかちゃんのお面		1個ずつ	
	グループ	番号くじ（白紙1枚につき1つずつの番号を書き込む。グループ人数分の数字を書いて折りたたんでおく） 質問カードの厚紙（文例を参考に質問を書き込む） おもちゃのマイク	B5の1/6 B5の1/8	グループ人数分 数枚 1個	
わくわくトライ		「みんなにどきどきインタビュー！！」シート	B5		1-3

第1章 人と出会うときのコミュニケーション　15

4. 内容と進め方　　計60分

❶あいさつのコツの学習（10分）

1）あいさつのデモンストレーションを見る

スタッフによる以下のようなデモンストレーションを見せながら，子どもにあいさつのコツを考えさせ，デモンストレーションに見られる自己紹介のよいところや悪いところを尋ねていく。

（場面設定）新学期に，Aさん（スタッフ）という転校生がやってきた場面
（登場人物）のび太くん，ジャイアン，しずかちゃん，Aさん

【デモンストレーション】
司会者：新学期になってのび太くんたちのクラスに転校生のAさんがやってきました。のび太くんとジャイアンとしずかちゃんが，Aさんに自己紹介をしています。ちょっと見てみましょう。
のび太：あの……ぼく，のび太っていうんだけど……その……よろしくね……
ジャイアン：おい，転校生！　オレはジャイアンっていうんだ！　仲よくしてやってもいいぞっ。おい，ちゃんと聞けよ。ぶん殴るぞ！
しずか：Aさん，初めまして。私の名前はしずかです。これからよろしくね。わからないことがあったら何でも聞いてね。

2）「あいさつのコツ」を学習する

あいさつのコツを書いた模造紙を子どもに見せ，コツを確認する。

> ◆あいさつのコツ
> 1. 相手を見て言う
> 2. はっきりと言う
> 3. 心をこめて言う
> 4. ちょうどいい大きさの声で言う

3）子ども数人がモデルになって自己紹介を演じる

子ども数人に，これらのコツを意識して気持ちのよいあいさつをするように指示し，みんなの前で演じさせる。司会者は，子ども1人ずつについて，あいさつのコツがどのようにできていたかを確認してから「ありがとう」とねぎらい，拍手して席に戻す。

4）上手な自己紹介を見る

最後に，Aさん（転校生）が，よいお手本としてあいさつのコツを満たしている自己紹介を見せる。

> ＜自己紹介のよい例＞
> 「はじめまして。わたしはAといいます。隣の町から転校してきました。得意なことは鉄棒です。よろしくお願いします」

❷ どきどきインタビュー（30分）

　質問カードを用いてグループのなかまにインタビューすることで，あいさつのコツに気をつけながら関係を築く会話を楽しむ。

1) どきどきインタビューのデモンストレーションを見る
　各グループの中で，グループスタッフ2人が下の3)のインタビューのデモンストレーションを行って，会話の流れを子どもたちに示す。

2) インタビューの順番を決める
　インタビューの順番を番号くじを引いて決める。番号くじの1番の人が2番の人に，2番の人が3番の人にというようにインタビューすることを説明し，全員の順番を確認する。

3) どきどきインタビューをする
　(1) 互いにあいさつする（1番の人（インタビュア）がおもちゃのマイクを持つ）。
　　　1番：「こんにちは，私は○○です。質問します。名前は何ですか？」
　　　2番：（マイクを向けられてから話す）「私は××です」
　(2) 1番の人（インタビュア）がスタッフの持つ質問カードを引いて，カードに書かれた質問をする（カードはスタッフに返す）。
　　　1番：「あなたの好きな○○は何ですか」
　(3) 2番の人が，質問に理由をつけて答える。
　　　2番：「私の好きな○○は△△です。理由は，××だからです」
　(4) 互いに「ありがとうございました」と言う。
　※答える人は必ずその理由も言う。ここからインタビュアがさらに質問したり会話を膨らませたりしてもよい。
　相手が答えにくそうにしていたら，カードを引き直して質問を変えてもよい。
　時間に余裕があれば，質問カードを複数引いて質問してもよい。
　(5) ひとり1回ずつインタビューを受けるように役割を交代する。

こんにちは。ぼくは○○です。質問します。名前は何ですか？

私は××です。

＜質問カードの文例＞
・好きなスポーツは何ですか？
・夏休みで一番楽しかったことは何ですか？
・行ってみたい場所はどこですか？
・好きなキャラクターは何ですか？
・好きなテレビ番組は何ですか？
・好きな季節は何ですか？
・好きな動物は何ですか？

❸ シェアリングとまとめ（20分）

1) **シェアリングする**

あいさつのコツを押さえてあいさつすることができたか，あいさつのコツの中でむずかしかったものは何であったかなどをグループでシェアリングする。

2) **グループごとに発表する**

グループでの意見を全体に発表する。

3) **まとめをする**

> ＜まとめの例＞
>
> 今日は，初めて会ったグループの人を知るために順番にインタビューをしました。インタビューでは，インタビューする人は相手にあいさつのコツを使ってきちんと質問し，答える人は相手の質問にあいさつのコツを使って理由をつけてきちんと答えることができました。お互いにあいさつのコツに気をつけて話すと，とても気持ちがよかったですね。このように，人と出会ったときには，お互いに知り合うために，相手の好きなことを聞いたり，自分の伝えたいことを理由をつけて話したりすると会話が弾みます。そのときに，あいさつのコツを思い出して今日のように使ってみると，さらに楽しい会話ができるでしょう。

4) **わくわくトライの説明を聞く**

あいさつのコツに気をつけて，家族や友だちにあいさつをし，コツを使えたかどうかを「みんなにどきどきインタビュー！！」シート（1-3）に記入してくるよう伝える。

ココがポイント

> インタビューの順番を，隣同士でなく，くじで決めることによって，どきどき感を出します。さらに，インタビューの質問の内容がその場で決まることも，どきどき感を演出します。こういう仕掛けをすることによって，グループのどの子どもも興味を途切れさせることなく楽しい緊張感を保ったまま活動に参加しやすくなります。しかし，中には照れたりふざけたりする子どももいるでしょう。スタッフは，楽しい雰囲気を維持するように気を配りながらも，励ましたり，子どもと一緒に質問してみたり，じっくりと聞く姿勢をとったり，子どもたちにもその姿勢を促したり，うまくできたらねぎらったりして，気持ちのよいインタビューが成立するように声をかけていきます。また，おもちゃのマイクがあると，それを持つインタビュア自身が自分の役割を自然に意識し，きちんと質問しようとしますし，マイクを向けられた子どもも理由をつけてきちんと答えようとします。マイクがない場合は手近のえんぴつなどをマイクに見立ててもよいですし，紙をまるめて簡単に作っても構いません。こういった小道具は，臨場感を演出し，子どものモチベーションをさらに高めるため，積極的に活用しましょう。

1-3 「みんなにどきどきインタビュー!!」シート

みんなにどきどきインタビュー！！
～あいさつのコツに気をつけて，家族や友だちにインタビューしてみよう～

名前（なまえ）_____

◆ だれにインタビューしたのかな？

[　　　　　　　　　　　　　　　　　　　　　　　　　　　　　　]

◆ どのしつもんをしたのかな？　番号（ばんごう）に○をしてね。（しつもんはいくつしてもいいよ。）

1. 好きなスポーツは何ですか？	2. 好きなテレビ番組（ばんぐみ）は何ですか？
3. 好きな季節（きせつ）は何ですか？	4. 好きな動物は何ですか？
5. 好きなキャラクターは何ですか？	6. 行ってみたい場所はどこですか？

◆ あいさつのコツに気をつけてインタビューできたかな？　チェックしてみよう。

	できた	まあまあ	あまり	ぜんぜん
1. 相手（あいて）を見て言う。				
2. はっきりと言う。				
3. 心をこめて言う。				
4. ちょうどいい大きさの声で言う。				

◆ 相手（あいて）の人は，あいさつのコツに気をつけて答えてくれていたかな？　チェックしてみよう。

	できた	まあまあ	あまり	ぜんぜん
1. 相手（あいて）を見て言う。				
2. はっきりと言う。				
3. 心をこめて言う。				
4. ちょうどいい大きさの声で言う。				

☆　もっとたくさんの人にインタビューしたときは，この紙のうらに書いてね　☆

第1章 人と出会うときのコミュニケーション　19

活動例 1-③

はじめまして，こういうものですが―名刺交換ゲーム―[1]

1. この活動のねらい

　互いの名刺を交換するゲームです。少し勇気を出して見知らぬ人に声をかけてあいさつし，自分の名刺を全部配りきるというゲームを通して多くの人と交流できます。さらに，人の名刺をもらえるうれしさも加わって，積極的にあいさつの練習を重ねることができます。
　この活動は，きちんとあいさつできることを前提に，多くの人と交流することを目標にしていますので，この活動の前に小グループでの活動を主とした活動例1-①か1-②を経験しておくと，スムーズに行えるでしょう。

2. 活動の流れ

全：全体での活動　グ：グループでの活動　個：個人での活動

15分

❶ 名刺カード作り
　個　名刺カード10枚に自分の名前と好きな教科を書き込む

30分

❷ 名刺交換ゲーム
　全　1）あいさつと名刺交換ゲームのデモンストレーションを見る
　全　2）「あいさつのコツ」を学習し，ゲームのルールを聞く
　全　3）ゲームを開始する
　　　　（相手を見つけてあいさつする→名刺を渡す→相手のあいさつを受ける→名刺をもらう→あいさつする）
　グ　4）集めた名刺をグループで見せ合う

20分

❸ シェアリングとまとめ
　グ　1）シェアリングする
　全　2）グループごとに発表する
　全　3）まとめをする
　全　4）わくわくトライの説明を聞く

3. 準備するもの

活動	区分	準備物	サイズ	数	番号
名刺カード作り	個人	名刺用色画用紙 マジックペン	B5の1/4	10枚	
名刺交換ゲーム	全体	「あいさつのコツ」が書かれた模造紙		1枚	
わくわくトライ	個人	「あいさつのコツを使ってあいさつしよう！」シート		1枚	1-2

---
1) 國分康孝（監修）『エンカウンターで学級が変わる　小学校編』（1996，図書文化社，p.102）を参考に改変。

4. 内容と進め方　　計65分

❶ 名刺カード作り（15分）

10枚の名刺カードに，自分の名前と好きな教科を書き込む。
時間があまれば，余白に色ペンでイラストなどを描いてもよい。

❷ 名刺交換ゲーム（30分）

1) あいさつと名刺交換ゲームのデモンストレーションを見る

　下手なあいさつの例などを出しながら，スタッフがデモンストレーションを行い，あいさつのコツをふりかえる。

　　【名刺交換ゲームのあいさつのデモンストレーション】
　　　(1)「こんにちは。私は○○です。好きな教科は……です。よろしくお願いします」とあいさつする。
　　　(2) 自分の名刺カードを渡す。
　　　(3) 相手も(1)のようにあいさつをして名刺カードを渡す。
　　　(4) 互いに「ありがとうございました」と言って別れる。

2)「あいさつのコツ」を学習し，ゲームのルールを聞く

　あいさつのコツを書いた模造紙を子どもに見せ，コツを確認する。

　名刺交換ゲームのあいさつのデモンストレーション(1)～(4)と同様の活動を，10枚の自分の名刺全部を交換するまで繰り返すことを説明する。なお，照れや恥ずかしさから同性としか名刺交換しない子が多くなる可能性があるため，最低5回は異性と名刺交換をするように説明する。

```
◆あいさつのコツ
1. 相手を見て言う
2. はっきりと言う
3. 心をこめて言う
4. ちょうどいい大きさの声で言う
```

3) ゲームを開始する

　名刺交換ゲームを行い，全員が名刺10枚を配りきる。

4) 集めた名刺をグループで見せ合う

　グループに戻って，もらった名刺を見せ合い，いろいろな名刺があることに気づく。

❸ シェアリングとまとめ（20分）

1）シェアリングする
あいさつのコツのうち，どれができたか，また，むずかしかったコツはどれか，どうすればうまくできるかなどをグループで話し合う。

2）グループごとに発表する
グループでの意見を全体に発表する。

3）まとめをする

> ＜まとめの例＞
>
> 今日は，たくさんの人と名刺交換をしました。10枚もの名刺を配るために知らない人に勇気を出して声をかけてみましたね。でも，ちょっと勇気を出したら，あいさつも名刺交換もちゃんとできました。そして，話すことができたために，知らない人だったのが知っている人になりました。今，教室を見回してみると，知っている人がいっぱい増えましたね。あいさつをするときには，あいさつのコツに気をつけるとさわやかな印象が相手に伝わり，お互いに気持ちがいいものです。これからも，気持ちのいいあいさつができるように，あいさつのコツを覚えていてください。

4）わくわくトライの説明を聞く
あいさつのコツに気をつけながら，「あいさつのコツを使ってあいさつしよう！」シート（1-2）を用いて，おうちの人，学校の友だち，近所の人などにあいさつをするよう伝える。

ココがポイント

　自分の「名刺」を作ることは，子どもにとってはとてもうれしい経験です。しかし，名刺交換ゲームでは，10枚もある名刺を見知らぬ人と交換しなければならず，さらにそのうち最低5枚は異性と交換するように指示されているため，子どもにとってはちょっと負担に感じるでしょう。それでも，ゲームのルールに従って，互いに交換しようとしているため，いったん始めてみると意外にあっさりと声をかけ合うことができ，簡単に名刺交換ができてしまいます。ですから，初めての人に声をかけることが苦手な子どもでも「ちょっと勇気を出せば，意外に簡単かもしれない」という期待を持つことができます。さらに「やっぱり簡単にできた！」という達成感を得ることによって，苦手意識を軽減することができます。こういった経験の積み重ねによって，子どもは自信を獲得していくのです。

　また，集めた名刺をグループで見せ合うことで，自分が交換した相手だけでなく，より多くの人の名前と好きな教科を知って興味を抱き，今後の交流のきっかけとなっていきます。

　時間に余裕がある場合には，スタッフも名刺を作成し，子どもが自分の名刺を全部配り終えたらスタッフに名刺をもらいに行ってよいというふうにアレンジしてもよいでしょう。

活動例 1-④ 名刺交換＆質問じゃんけんゲーム[2]

■ 1. この活動のねらい

　他のグループの人と名刺交換をし，あいさつと質問をすることで，多くの人と交流する機会を作ります。さらに，あいさつのコツを意識しながら楽しく会話をすることで，適切なあいさつの態度を学習します。また，じゃんけんをして勝った方が相手にヒミツの質問ができるため，ゲーム終了後に集めた名刺をグループで見せ合う際，ヒミツの質問の答えがいろいろあることを確かめることができ，同時に他のグループのヒミツの質問の内容を確認することができます。こうしてゲームを通してグループのみんなで協力する楽しさや他のグループと関わる面白さを経験します。

　この活動は活動例1-③の発展版です。活動集団全体に顔見知りがある程度いて，活動例1-③よりも関わりあいを深めたい場合に行うとよいでしょう。

■ 2. 活動の流れ

全：全体での活動　グ：グループでの活動　個：個人での活動

15分

❶ 名刺カード作り
- 個　名刺カード5枚に自分の名前とグループ名を書き込む

30分

❷ 名刺交換＆質問じゃんけんゲーム
- 全　1）名刺交換＆質問じゃんけんゲームのデモンストレーションを見て，「あいさつのコツ」を学習する
- グ　2）自分のグループの「ヒミツの質問」を確認する
- 全　3）ゲームを開始する
（あいさつ→名刺交換→じゃんけん→ヒミツの質問と回答→名刺に回答を記入→あいさつ）
- グ　4）集めた名刺をグループで見せ合う

20分

❸ シェアリングとまとめ
- グ　1）シェアリングする
- 全　2）グループごとに発表する
- 全　3）まとめをする
- 全　4）わくわくトライの説明を聞く

■ 3. 準備するもの

活動	区分	準備物	サイズ	数	番号
名刺カード作り	個人	名刺用画用紙色　マジックペン	B5の1/4	5枚ずつ	
名刺交換＆質問じゃんけんゲーム	全体	「あいさつのコツ」が書かれた模造紙		1枚	
わくわくトライ		「あいさつのコツを使ってあいさつとヒミツの質問をしよう！」シート	B5	1枚	1-4

2）國分康孝（監修）『エンカウンターで学級が変わる　小学校編』（1996，図書文化社，p.102）を参考に改変。

4. 内容と進め方　　計65分

❶名刺カード作り（15分）

　5枚の名刺カードの，上2/3ほどのスペースに，自分の名前とグループ名を書き込む。

　時間があまれば，余白に色ペンでイラストなどを描いてもよい。

　カードの下1/3のスペースは，ゲーム中に相手に質問した答えを書くために空けておく。

```
　　わくわく　たろう
　　どきどき　グループ

　　（質問の答えを書くスペース）
```

名刺カードの例

❷名刺交換＆質問じゃんけんゲーム（30分）

1）名刺交換＆質問じゃんけんゲームのデモンストレーションを見て，「あいさつのコツ」を学習する

　ゲームの流れを説明し，スタッフ2名で後述の〈ゲームのやり方〉にそってデモンストレーションしてみせる。その際，相手とあいさつをする場面では，相手を見ないで小さい声であいさつするといった不適切なものを意図的に行うことで，あいさつのコツについて子どもに再確認させる。

```
◆あいさつのコツ
1. 相手を見て言う
2. はっきりと言う
3. 心をこめて言う
4. ちょうどいい大きさの声で言う
```

2）自分のグループの「ヒミツの質問」を確認する

　ゲーム中にじゃんけんで相手に勝つと質問できる「ヒミツの質問」1つをスタッフがグループに伝える。

　＜ヒミツの質問＞　グループで異なるように，以下の中から事前にグループに割り振っておく。
・好きな季節は何ですか　　　　・今ほしいものは何ですか
・好きな色は何ですか　　　　　・好きな動物は何ですか　　など

3）ゲームを開始する

　グループ対抗で，名刺交換した「人数」を競う（集めた名刺の数ではない）ことがこのゲームの目的であるため，他のグループの人と名刺を交換する（自分と同じグループの人とは名刺交換はしない）ことを強調する。グループで協力して，交換相手がなるべく重ならないようにいろいろな子どもの名刺を集めるように教示する。

　＜ゲームのやり方＞
（1）えんぴつと名刺を持って，グループのメンバー以外で名刺交換の相手を探す。
（2）相手を見つけたら，互いにあいさつをする。
　「こんにちは。私は○○です。よろしくお願いします」
（3）名刺カードを交換する。
（4）じゃんけんをして，勝った人が負けた人にヒミツの質問をし，負けた人に答えてもらう。
（5）勝った人は，相手からもらった名刺に質問の答えを記入する（名刺の下1/3のスペース）。
（6）「それはどうしてですか」とさらに質問し，理由も答えてもらう。
（7）質問をした子どもが「ありがとう」と言い，互いに握手をして「さようなら」と言って別れる。

以上の (1) ～ (7) を繰り返し，名刺カード5枚全てを交換したら席に戻る。全員の子どもが交換を終えた時点でゲームを終了する。

なお，じゃんけんに負けた人は，相手のヒミツの質問に答えるだけで，自分が質問することはできない。つまり，一連の名刺交換が終わった時点で，じゃんけんに勝った人は，ヒミツの質問の答えが書かれた相手の名刺が手元にあり，負けた人は，質問の答えの欄が白紙のままの相手の名刺が手元にあることになる。

4) 集めた名刺をグループで見せ合う

全員の名刺交換が終わったら，集めた名刺を相手のグループ別に机の上に並べる。その際，同じ子どもの名刺が複数あれば重ねて置き，全部で何人分の名刺を集めることができたかを数える。グループで競うのは，名刺の数ではなく交換した相手の数であるため，たとえば同じグループの2人が別のグループのAさんと名刺交換をしていれば，Aさんの名刺は2枚あるがAさん1人として数えることとなる。

❸シェアリングとまとめ（20分）

1) シェアリングする

質問をするときに相手とうまく話すことができたかについてグループで話し合う。また，ヒミツの質問の答えを見比べて，多かった答えやおもしろい答えについても話し合う。

2) グループごとに発表する

グループで集めた名刺の数を全体に発表してから，グループのヒミツの質問とその回答について紹介する。

3) まとめをする

> ＜まとめの例＞
>
> 今日は，たくさんの人と名刺交換をして，じゃんけんもしました。じゃんけんに勝った人はヒミツの質問をしっかりとできましたか。負けた人は質問にはっきりと答えられましたか。あいさつのコツに気をつけて気持ちのいいあいさつをしてから会話を始めると，話も弾みます。これからも，気持ちのいいあいさつができるように，あいさつのコツを覚えていてください。

4) わくわくトライの説明を聞く

「あいさつのコツを使ってあいさつとヒミツの質問をしよう！」シート（1-4）を使って家族の人や友だちに，あいさつのコツに気をつけてあいさつをしてから，名刺交換＆質問じゃんけんゲームの際に行ったヒミツの質問をするよう伝える。

 ## ココがポイント

　名刺交換＆質問じゃんけんゲームでは，各グループの参加人数を同数にするために，人数のたりないグループにはスタッフが子どもの代役として参加し，調整しておきます。

　子どもにとって「ヒミツ」という言葉はとても魅力的です。グループの質問はじゃんけんに勝って相手に尋ねるときまでは「ヒミツ」だと事前に伝えることによって，子どもは質問することにさらに興味を持ち，グループの結束も強まって，楽しんでゲームに参加できます。

　ゲームでは，5人の相手に連続でじゃんけんに負ける場合もあります。子どもが勝ち負けだけに注目しないように，グループのメンバーと重ならないような相手を探して協力して多くの子どもから名刺を集めるのがゲームの目的であると強調するとよいでしょう。また，自分のグループ以外の全員分の名刺を集めると何かごほうびが得られることにしてもいいでしょう。

　多くの子どもが，自分の気持ちや考えについて話すのが得意ではないと予想されますので，シェアリングの際には話し合いの時間を十分に持ったり，話しやすい雰囲気作りを心がけることが必要です。

1-4 「あいさつのコツを使ってあいさつとヒミツの質問をしよう！」シート

あいさつのコツを使ってあいさつとヒミツの質問をしよう！

名前 _____

あいさつのコツに気をつけて，おうちの人，学校の友だち，近所の人などにあいさつとヒミツの質問をしてみよう！

☆　だれにあいさつをしたのかな？

[　　　　　　　　　　　　　　　　　　　　　　　　　　　　　　]

☆　あいさつのコツに気をつけてできたかチェックしてみよう！

	できた	まあまあ	あまり	ぜんぜん
1. 相手を見て言う。				
2. はっきりと言う。				
3. 心をこめて言う。				
4. ちょうどいい大きさの声で言う。				

☆　相手にたずねた「ヒミツの質問」は？

[　　　　　　　　　　　　　　　　　　　　　　　　　　　　　　]

☆　相手からの答えを書こう

[

　　　　　　　　　　　　　　　　　　　　　　　　　　　　　　]

もっとたくさんの人にあいさつした人は，この紙のうらに書いてね！

「第1章 人と出会うときのコミュニケーション―あいさつ，自己紹介―」
で学習したコミュニケーションのコツ

◆ あいさつのコツ
1. 相手を見て言う
2. はっきりと言う
3. 心をこめて言う
4. ちょうどいい大きさの声で言う

第2章
話し方・聞き方

自分も相手も気持ちがよくなるコミュニケーションの基本的技術

　コミュニケーションというと，やはり真っ先に思いつくのは，言葉でやりとりする「会話」でしょう。当然のことながら，他者とコミュニケーションするためには，言葉のやりとりがとても大切です。しかし，いくら言葉のやりとりがきちんとできていても，それだけではコミュニケーションはうまくいきません。例えば，はっきりと話していても，自分の身体が相手の方を向いていなければ相手は自分に話しかけられているとは思わないでしょう。話を聞くにしても同じことです。自分はちゃんと聞いているのに，話している相手を見ていないしあいづちもうっていないとしたら相手はどう思うでしょうか。きっと相手は聞いてくれていないと思って嫌な気分になるでしょう。

　相手とコミュニケーションをうまくとれない子どもの中には，例えば恥ずかしくて小さな声でしか話しかけられなかったり，聞くときに相手の方を向いていなかったりなど，基本的な態度ができていない子どももいます。しかしながら，自分の「話し方」や「聞き方」をふりかえる機会は日常生活の中ではほとんどありません。ですから，このような子どもは，どうしてコミュニケーションがうまくいかないのかに気づいていない場合が多いようです。そして，このような子どもはやりとりがうまくいかなかった居心地の悪さだけを気にするあまり，その後もコミュニケーションがぎこちなくなってしまうことがあります。だからこそ，子どもたちは，どうすればうまく話せるのか，どうすればうまく聞けるのかということを学習する必要があります。

　そこで，ここではまず，気持ちよく話したり聞いたりするには「相手の方を向いて話したり聞いたりする」「適度な大きさの声で話す」「相手の話にあいづちをうつ」などといった基本的なコツ（ポイント）が重要であることを学びます。そして，実際にやりとりを再現し，学習したコツと照らし合わせることによって，うまくいかなかった理由を理解します。これによって，「こういったコツに気をつければよいのなら，そんなにむずかしいことではないので，次からは気をつけてやってみよう」と思えるようになると期待できます。会話がうまくできない子どもには，こういうコツを知っていることがコミュニケーションに対する不安感や抵抗感を和らげるのに効果があるでしょうし，ある程度うまくできている子どもには，コツを意識させることによって，もっとステップアップするにはどうしたらいいかということについて考えるヒントになるでしょう。

　本章では，このように話すスキルと聞くスキルを取り上げ，会話において，話を聞く立場に注目した活動例を1つ，話す立場に注目した活動例を1つ紹介します。

2-① 「聞き上手になろう」
他者に上手な聞き方で話を聞いてもらうことの気持ちのよさを体験し，積極的に話を聞こうという意欲や態度を育てます。

2-② 「目配りに気をつけて話してみよう」
相手の方を向いて話すときに大切な「目配り（視線）」にポイントを置いて，上手に話す練習をします。

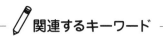

関連するキーワード

話すときのコツ，聞くときのコツ，体の向き，うなずき，あいづち，目配り

● こんな子どもに……
・相手にとってちょうどよい声の大きさがわからない子ども
・会話に対する姿勢が良くない子ども
・気が散りやすい子ども
・人の話を上手に聞けない子ども

● こんな効果！
・人との会話を楽しめるようになる
・会話をするときの姿勢や態度を改善し，相手と気持ちのよいやりとりができるようになる

第 2 章 話し方・聞き方　31

活動例 2-①

聞き上手になろう[1]

■ 1．この活動のねらい

　人の話を上手に聞くことができるようになるために「聞く」練習をします。まず，うまくない聞き方をしている人の様子を観察することからどうすれば上手に聞くことができるかに気づき，次に 3 人組になって上手に聞く練習をします。安心できる場所でロールプレイすることを通して，上手な聞き方で話を聞いてもらう気持ちのよさを体験することで，よい聞き手になろうという意識や態度を育てます。

■ 2．活動の流れ

全：全体での活動　グ：グループでの活動　ミニ：3 人のミニグループでの活動

❶ 話の上手な聞き方を考えよう　20分
- 全　1）うまくない聞き方のデモンストレーションを見る
- グ　2）うまくない聞き方をふまえて上手な聞き方について話し合う
- 全　3）グループで話し合った上手な聞き方を発表し，「聞くときのコツ」を学習する

❷ 3 人で上手な聞き方を練習しよう　40分
- ミニ　ロールプレイをする
（役割（話し手，聞き手，観察者）の順を決める→話し手のお題を決める→話し手は聞き手に話をし，観察者は聞き手の聞き方をチェックする→役割の交代）

❸ シェアリングとまとめ　20分
- グ　1）シェアリングする
- 全　2）グループごとに発表する
- 全　3）まとめをする
- 全　4）わくわくトライの説明を聞く

■ 3．準備するもの

活動	区分	準備物	サイズ	数	番号
話の上手な聞き方を考えよう	全体	「聞くときのコツ」が書かれた模造紙		1 枚	
3 人で上手な聞き方を練習しよう	個人	じょうずな聞き方チェックシート		1 枚	2-1
シェアリングとまとめ	グループ	白紙（シェアリングシート）	B5	1 枚	
わくわくトライ	個人	「聞くときのコツを使って聞いてみよう！」シート	B5	1 枚	2-2

---

1) 國分康孝（監修）『エンカウンターで学級が変わる　小学校編　Part2』（1997，図書文化社，pp.32-35）を参考に改変。

4. 内容と進め方　　計80分

❶話の上手な聞き方を考えよう（20分）

1) うまくない聞き方のデモンストレーションを見る
　（1）スタッフ2名（話し手・聞き手）が2通りのうまくない聞き方をデモンストレーションする。
　　司会：「では，スタッフAさん（聞き手）とスタッフBさん（話し手）に話をしてもらうので，み
　　　　なさんは特にAさんに注目して見てください」
　（場面設定）普段の会話をしている場面
　（登場人物）聞き手：Aさん
　　　　　　　話し手：Bさん

【デモンストレーション1】
　聞き手が相手の話を最後まで聞かない場合
　　Bさん：「ねぇ，Aさん，トランプで遊ぼうよ」
　　Aさん：「えー，やだ」
　　Bさん：「なんで嫌なの？　トランプをやろ…」
　　Aさん：「だって，めんどうなんだもん」
　　Bさん：「じゃ，Aさんは何が…」
　　Aさん：「だからトランプはいやだと言ってるし！」
　※相手の話を途中でさえぎらないなど，会話には「聞き方」が大事であることを明確にする。

【デモンストレーション2】
　聞く態度が好ましくない場合
　　Bさん：「ねぇ，トランプで遊ぼうよ」
　　Aさん：「うん」（よそ見しながら，素っ気ない返事をする）
　　Bさん：「えっ，いやなの？」
　　Aさん：「別にいやじゃないけど……」（横向きになって返事をする。）
　　Bさん：「何して遊びたいの？」
　　Aさん：「うん〜」（手遊びを始める）
　※Aさんはよそ見よそごとをしながら会話をすることで，会話には「姿勢や態度」も大事であるこ
　　とを明確にする。

　（2）2つのうまくない聞き方のデモンストレーションにおいて，聞き手はどんなふうに話を聞いて
いたのか，それに対し話し手はどんな気持ちがしたと思うのかを発表させる。
　（3）うまくない聞き方をすることについてまとめる

> ＜まとめの例＞
>
> 「聞く」ことは，普段何気なく，自然にやっていることです。自分がどんなふうに人の話を聞いているのかをあまり考えたことがないかもしれません。でも，自分にそんなつもりはなくても，相手に嫌な気持ちを抱かせていることがあるかもしれません。そんなとき，聞き方にちょっと気をつければ，相手に嫌な気持ちを与えずにすみます。そうすると，相手も気分がよくなって，話がはずんで，楽しい会話になるでしょう。

2) うまくない聞き方をふまえて上手な聞き方について話し合う
　デモンストレーションで見たうまくない聞き方をふまえて，どんな聞き方をしたら相手は気持ちよく話すことができるのかをグループで話し合う。

3) グループで話し合った上手な聞き方を発表し,「聞くときのコツ」を学習する

グループごとに,どんな聞き方をするとよいと考えたのかを発表する。司会者は,「聞くときのコツ」が書かれた模造紙を提示しながら,どうしたら上手に聞くことができるかについて整理する。

◆聞くときのコツ
1. 話す人のほうに顔と体を向けて聞く
2. よそ見やよそごとをせずに聞く
3. うなずいたり,あいづちをうったりする
4. 最後まで聞く

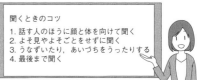

❷ 3人で上手な聞き方を練習しよう(40分)

ロールプレイをする

(1) 6人グループを2つに分けて3人組(ミニグループ)を作り,3人で,話し手(話す人),聞き手(聞く人),観察者(見る人)の役を交代で演じるという説明を受ける(人数が足りなければスタッフが入る)。

(2)「じょうずな聞き方チェックシート」(2-1)を全員に配る。3人の役割とロールプレイの順番を決める。役割は以下の通りである。

話し手:「じょうずな聞き方チェックシート」にあるお題の中から1つを選び,それについて1分間聞き手に話をする。

聞き手:聞くときのコツに気をつけながら,話し手の話を聞く。

観察者:聞き手から「じょうずな聞き方チェックシート」を受け取り,聞き手が話を聞いているときの姿勢について4つのコツの観点からチェックし,シートに記入する。記入したらシートを聞き手に返す。

(3) 3人全員がすべての役割を演じるように交代をしながら,ロールプレイする。

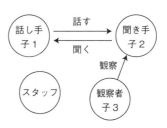

じょうずな聞き方チェックシートに記入する

❸ シェアリングとまとめ（20分）

1）シェアリングする
　6人グループに戻り，「じょうずな聞き方チェックシート」の項目で行うのが難しいと思ったものや，話し手は聞き手がどの項目に気をつけて聞いてくれると話しやすかったかなどについて話し合う。

2）グループごとに発表する
　グループでの意見を全体に発表する。

3）まとめをする

> **＜まとめの例＞**
> 　何気なくやっている，人の話を「聞くこと」も，実はとても大切なことだと気づいたんじゃないでしょうか。今回は，「上手に聞くこと」について勉強したので，家の人や友だちと話すときにも，ここで勉強した「聞くときのコツ」を使ってみるとお互い気持ちいいと思います。気持ちがいいと会話が弾み，きっと相手も自分も楽しくなりますね。

4）わくわくトライの説明を聞く
　上手な「聞くときのコツ」を使って家の人と話すのが課題であると伝える。そのとき，コツがうまく使えたのかを「聞くときのコツを使って聞いてみよう！」シート（2-2）にチェックするよう伝える。

ココがポイント！

　人の話を聞くことは，普段，何気なくしていることです。だからこそ，自分の「聞く」態度を一度しっかりとふりかえってみることは，コミュニケーションスタイルを改善するためにとても効果的です。この活動によって，どのような話の聞き方が良いのかを学び，それを実際に経験することで，自分の聞くスタイルを見直すことができ，自分が聞くときに苦手とするところも発見できます。また，自分でどれだけできているのかを自己評価するだけでなく，自分の聞き方を人がどう感じるのかを「じょうずな聞き方チェックシート」を手がかりにして知ることで，「自分はできていないと思っていたけど，できているかも」ということに気づいたり，「自分はできていると思っていたのに，できていなかったんだ」ということがわかったりします。自分だけ満足していても会話は弾みません。コミュニケーションにおいては，相手の立場に立って，相手がどう受け取っているかに気づくことが何よりも大切なのです。

　最初にうまくない聞き方を3人組で演じさせても効果的です。うまくない聞き方をロールプレイすることによって，自分が知らず知らずのうちに取っていた態度が，実はうまくない聞き方であり相手を不愉快にしていたということに気づくかもしれません。逆に，話し手の立場に立ったとき，下手な聞き方が，「いかに話したくないという気持ちにさせるか」ということに気づき，自分の話の聞き方に注意するようになるかもしれないのです。このようにうまくない聞き方のロールプレイを経験した後で，上手な聞き方を経験してみると，上手な聞き方への理解はもっと深まるでしょう。

2-1 じょうずな聞き方チェックシート

じょうずな聞き方チェックシート

名前＿＿＿＿＿＿＿＿＿＿

○ おだい

   ・たんにんの先生
   ・好きなゲーム
   ・さいきんあそんだこと
   ・今，学校ではやっていること
   ・好きなテレビばんぐみ
   ・きのう1日のできごと

○ まず，やくわりとじゅんばんを決めて，表に名前を書こう

	1回目	2回目	3回目
話す人			
聞く人			
見る人			

○ 見る人は，聞く人が聞くときのコツがじょうずにできていたと思う分だけ☆をぬろう

聞くときのコツ	1回目	2回目	3回目
話す人のほうに顔と体を向けて聞く	☆☆☆	☆☆☆	☆☆☆
よそ見やよそごとをせずに聞く	☆☆☆	☆☆☆	☆☆☆
うなずいたり，あいづちをうったりする	☆☆☆	☆☆☆	☆☆☆
最後まで聞く	☆☆☆	☆☆☆	☆☆☆

2-2 「聞くときのコツを使って聞いてみよう！」シート

聞くときのコツを使って聞いてみよう！

名前（なまえ）＿＿＿＿＿＿＿＿＿＿

わくわくトライ：家の人に話をしてもらって，その話を「聞くときのコツ」に気を
　　　　　　　　つけてじょうずに聞いてくること

○　話をしてくれたのは誰（だれ）かな？

　　＿＿＿＿＿＿＿＿＿＿＿＿＿＿＿＿＿＿＿

○　下の３つの中からどれかひとつをえらんで，話をしてもらってね。
　　えらんだ話の番号を○でかこもう。

>　1. わたしがちいさかったときのこと
>　2. 話してくれる家の人が，小学生だったときの思い出
>　3. さいきんうれしかったこと

○　自分ができていたと思う分だけ☆をぬってね。

聞くときのコツ	
話す人のほうに顔と体を向けて聞く	☆☆☆
よそ見やよそごとをせずに聞く	☆☆☆
うなずいたり，あいづちをうったりする	☆☆☆
最後まで聞く	☆☆☆

○　どんな話だった？

活動例 2-②

目配りに気をつけて話してみよう

■ 1. この活動のねらい

　会話において大切なのは聞き方だけではありません。話を展開させたり，話を弾ませたりするには話し方についても気をつける必要があります。この活動では，きちんと聞き手に目を配り，聞き手の様子をつかみながら話すと，言いたいことがはっきりと伝わるという体験をします。また，自分が聞き手を体験してみると，話し手が自分（聞き手）を見ながら話をしてくれるのは気持ちがよいことに気づきます。それにより，今度は自分が話をするときに相手を見てきちんと話そうと考えることが期待できます。

　この活動では，二者間のやりとりだけでなく，複数の人を相手に目配り（視線を聞き手に送ること）をしながら話ができるようになることで，グループ内での交流を深めようというねらいもあります。

■ 2. 活動の流れ

全：全体での活動　グ：グループでの活動　ミニ：3人のミニグループでの活動

❶ 目配りを意識した話し合い （25分）
- 全 1) 目配りを意識した話し方のデモンストレーションを見る
- 全 2) 「話すときのコツ」を学習する
- ミニ 3) 目配りをする話し方，しない話し方のロールプレイをする
- グ 4) 目配りをする話し方について話し合う

❷ 目配りで伝言ゲーム （40分）
- 全 1) ゲームのルール説明を聞く
- グ 2) 伝言ゲーム①をする
　　伝言役は，暗記したお題を聞き役に目配りしながら伝言する→聞き役が相談した回答をメモ役が紙に書く→答え合わせ
- グ 3) グループの中で2人の「目配り大賞」を選び，スタッフは回答の採点をする
- 全 4) 「目配り大賞」と伝言ゲーム①の1位のグループを発表する
- グ 5) 伝言ゲーム②をする
　　なぞなぞを伝言する→回答を相談して紙に書く
- 全 6) 答え合わせをする

❸ シェアリングとまとめ （20分）
- グ 1) シェアリングをする
- 全 2) グループごとに発表する
- 全 3) まとめをする
- 全 4) わくわくトライの説明を聞く

3. 準備するもの

活動	区分	準備物	サイズ	数	番号
目配りを意識した話し合い	全体	「話すときのコツ」が書かれた模造紙		1枚	
	グループ	話題カード	B5の1/4	3枚	
目配りで伝言ゲーム	全体	ストップウォッチ		1個	
	グループ	お題カード，伝言ゲーム①のお題回答用紙，伝言ゲーム②の回答用紙	B5の1/4	6枚，6枚，2枚	
シェアリングとまとめ	グループ	白紙（シェアリングシート）	B5	1枚	
わくわくトライ	個人	「目配りをしながら，話したこと，話してもらったことは？」シート	B5	1枚	2-3

4. 内容と進め方　　計85分

❶目配りを意識した話し合い（25分）

1) **目配りを意識した話し方のデモンストレーションを見る**

3名のスタッフによって目配りを意識した話し方についての2通りのデモンストレーションを行う。
（場面設定）普段の会話をしている場面
（登場人物）聞き手：Aさん・Bさん
　　　　　　話し手：Cさん

【デモンストレーション1】
　Cさんが，AさんやBさんの反応を見ずに一方的に話し続ける場合
　Aさん：「ねえねえ，最近はまってることってある？」
　Cさん：「ん～，あるよ」
　Bさん：「えっ，なになに？」（興味深そうに）
　Cさん：「土曜日に『わくコミクラブ』っていうのがあって～……」
　Aさん：「えっ？　わく……何？」
　Cさん：「学校の図書室で，いろんなゲームとかするの」
　Aさん・Bさん：（首を傾げて，わからないというジェスチャーをする）
　Bさん：「ゲームってどんなことをするの？」
　Cさん：「なんでもバスケットとか，虫の絵とか描いたりするよ。そうそう，それでダンゴ虫のお話を作ったんだけど，それがすっごくおもしろくて～……」（一息つく）
　Bさん：（Cさんが一息ついたときに言い出す）「えっ？　ダンゴ虫の……」
　Cさん：（Bさんのセリフと重なるように話し始める）「アリとか蝶々とかトンボとかいろんな虫も描いてあって，にぎやかな話ができたよ。他のグループの虫も，すっごくうまく描けてたよ。クワガタムシとか，テントウムシとかカマキリとかカブト虫とか。それから，なんでもバスケットとかも……」
　Aさん・Bさん：（困ったなあ，というようなジェスチャーをする）

【デモンストレーション2】
　CさんがAさんとBさんの方をよく見て，反応を気にしながら話を進める場合
　Aさん：「ねえねえ最近はまってることってある？」
　Cさん：「ん～，あるよ」

Bさん:「えっ，なになに？」（興味深そうに）
Cさん:「土曜日に『わくコミクラブ』っていうのがあって〜……」
Aさん:「えっ？　わく……何？」
Cさん:「わくコミクラブ。ほんとうはわくわくコミュニケーションクラブっていうんだ」
Aさん:「ああ，わくコミクラブって言ったんだね。ありがとう」
Cさん:「学校の図書室で，いろんなゲームとかするの」
Bさん:「ゲームってどんなことをするの？」
Cさん:「なんでもバスケットとか，虫の絵とか描いたりするよ。そうそう，それでダンゴ虫のお話を作ったんだけど，それがすっごくおもしろくて〜……」（AとBを見回して一息つく）
Bさん:「えっ？　ダンゴ虫のお話ってどんなの？」
Cさん:「穴に落ちてしまったダンゴ虫を，アリとか蝶々とか他の虫たちが助けるお話だよ」
Aさん・Bさん:「へ〜」（あいづちをうつ）
Cさん:「おもしろそうでしょ？　他のグループの虫も，すっごくうまく描けてたよ。クワガタムシとか，テントウムシとかカマキリとかカブト虫とか。それから，なんでもバスケットとかもしたんだよ……」
Aさん・Bさん:「うんうん」
（この後も楽しそうな会話を続ける，という雰囲気の中でデモンストレーションを終える）

2）「話すときのコツ」を学習する

　デモンストレーション1と2を比較し，何が違うのか，どちらがよいと思うか，なぜよいと思うかなどについて子どもに質問し，その回答をふまえながら，「話すときのコツ」が書かれた模造紙を提示し，話すときのコツを解説する。さらに，これらのコツを使いながら，相手の反応を確認する目配り（聞き手に視線を送ること）を行うことも大切だと伝える。

◆話すときのコツ
1. 聞いている人にむかって話す
2. 聞いている人に聞こえやすい声で話す
3. はっきりと話す

話すときのコツ
1. 聞いている人にむかって話す
2. 聞いている人に聞こえやすい声で話す
3. はっきりと話す

3）目配りをする話し方，しない話し方のロールプレイをする

　各グループで3人のミニグループを作り，各ミニグループに1人の担当スタッフが付く。そして，以下の順番で話をする。
(1) 担当スタッフが話し手となり，目配りを全くせずに話す。
(2) 担当スタッフが話し手となり，聞き手の子ども1人だけに目配りをして話す。
(3) 1人の子どもが話し手となり，聞き手全員に目配りをして話す。
(4) 残りの2人の子どもも（3）を行う。
※司会者の「スタート」の合図で，話し手は2分間話し続け，司会者の「終わり」の合図で一斉に終わる。
※話し手が話す話題は，話題カードを引いて決めるが，話したい話題が他にあればそれでもよい。

　＜話題カードに書かれている話し手の話題＞
　・昨日の出来事で思い出に残っていること
　・最近はまっていること
　・好きなテレビ番組　など

4) 目配りをする話し方について話し合う

　6人グループに戻って，ロールプレイのときに自分が話すときに目配りをしたらどう感じたか，話している人から目配りされないとどう感じたか，目配りされるとどう感じたかということをグループでシェアリングする。

　※なお，聞き手になったときは聞くときのコツを使うと気持ちよく聞くことができると促すとよい。

❷目配りで伝言ゲーム（40分）

1) ゲームのルール説明を聞く

　目配りを使った話し方を伝言ゲームという遊びの中で練習する。このゲームは，一人ひとりリレー形式で伝言していく普通の伝言ゲームとは違い，伝言役が目配りに気をつけて伝言することがねらいであるため，聞き役全員に同時に伝言する。勝負は，伝言ゲームのお題文を，採点基準に従ってどれだけ正確にたくさん回答したかで決まる。

　　伝言役：暗記したお題文をグループに伝える（順に交代していく）
　　聞き役：伝言役以外のグループのメンバー全員
　　メモ役：伝言タイム後に聞き役全員で確認したお題文を紙に書き取る（メモ役をした子どもは，
　　　　　　次は伝言役をする）

2) 伝言ゲーム①をする

　(1) 各グループの最初の伝言役が司会者のところに集まり，司会者からお題となる共通の文章を提示される。

　(2) お題を暗記した伝言役の子どもは，自分のグループに戻ってグループメンバーに1分30秒でお題を伝言する。このとき，伝言役以外のグループの聞き役は，伝言役からお題を聞いてお題文を覚えるが，聞き役が聞くことに集中するために，伝言役に質問したり相談したりその内容をメモしたりしてはいけないこととする。伝言役は，グループのメンバー全員に目配りをしながら伝言を話すように心がける。もし，聞き役がもう一度お題を伝言役に聞き直したいときなどは，ジェスチャーで伝言役に伝えてもよい。

　(3) 1分30秒の伝言タイムが終わったら，聞き役全員でお題の内容を確認し合い，メモ役が紙にお題の回答を書く。

　(4) グループの全員が順にメモ役と伝言役になって，(1)～(3)を繰り返す。

3) グループの中で2人の「目配り大賞」を選び，スタッフは回答の採点をする

　グループの全員が伝言役を一回りしたところで，誰が伝言役のときに目配りがうまくできていたかをふりかえり，グループで話し合って「目配り大賞」を2人選ぶ。グループのスタッフは，素早くすべての伝言のお題文を後述の採点基準に従って採点して，合計点数を計算する。

4) 「目配り大賞」と伝言ゲーム①の1位のグループを発表する

　各グループが伝言ゲームの点数と「目配り大賞」の2人の名前を発表して，グループの順位を決め，一番点数の高かったグループと目配り大賞の子どもに拍手を送る。

　☆伝言ゲーム①のお題
　　・のび太くんが，おじさんとキャッチボールをしたら，次の日筋肉痛になった。
　　・カンガルーがオーストラリアの草原で，ご飯を食べた後，おひるねしていた。
　　・しずかちゃんが，運動場ででんぐり返しを100回やって目をまわしていた。
　　・ミッキーマウスがドラミちゃんの家でパーティーをした後，ディズニーランドに帰っていった。
　　・スネ夫くんが駅でサイフの落し物をひろって交番にとどけた。
　　・ドラえもんが近所のお菓子屋さんでどら焼きをたくさん買ってうれしそうにしていた。

＜採点基準（お題1題について）＞
 2点：完璧
 1点：助詞などの惜しい間違いが2，3カ所
 0点：それ以外の間違い，または途中までしか書けていないもの

5）伝言ゲーム②をする
(1)「目配り大賞」に選ばれた2人が伝言役をする。伝言ゲーム①と同様の形式で行うが，今度は伝言のお題文がなぞなぞになっている。お題文は，他のグループに聞こえても支障のないように，グループごとに異なるものを選ばせる。
(2) 聞き役は，1分30秒の伝言タイムの間は伝言役が伝えるなぞなぞのお題文を黙って聞き，そのあと1分間でグループで相談してなぞなぞを解いてその答えを紙に書く。

6）答え合わせをする
2つのなぞなぞについて，各グループがお題文のなぞなぞと答えを全体に発表し，司会者から正解を聞く。正解したグループに拍手を送る。

☆伝言ゲーム②のお題のなぞなぞ　※（　　　）は正解
■「輪が嫌いだ」と言っているアクセサリーなーに？　　　　　　　　　（イヤリング）
■中華料理店でお茶が半分しかもらえない料理なーに？　　　　　　　（チャーハン）
■花粉症じゃないのにソファーの上でくしゃみしてるのなーに？　　　（クッション）
■キツネが舌を出して欲しそうにしている食べ物なーに？　　　　　　（ベーコン）
■菓子の中に豆を入れるとできる食べ物なーに？　　　　　　　　　　（かまめし）
■読んでいると体がビリビリしびれてくる本なーに？　　　　　　　　　　（伝記）
■同じ花を二つ持つと，分解してしまう花はなーに？　　　　　　　　　　（バラ）
■表紙に「おもてだけ」と書いてある本ってなーに？　　　　　　　　（占いの本）
■普段は硬いけど逆立ちすると柔らかくなる海の生き物なーに？　　　　　（カイ）
■まるを2個とると男から女になるのだーれ？　　　　　　　　　　　　　（パパ）
■扇子を持ち込んではいけない乗り物ってなーに？　　　　　　　　　　（潜水艦）
■冷たいときは静かで熱いときはピーピー鳴くのなーに？　　　　　　　（やかん）
■部屋の中で10匹の蚊が隠れている所どーこだ？　　　　　　　　　　（カーテン）
■王子様も王女様も持っている柔らかくて甘いおやつなーに？　　　　　（プリン）

❸シェアリングとまとめ（20分）

1）シェアリングをする
スタッフのデモンストレーションを見て思ったこと，目配りを実際にやることの難しさ，相手にしっかり伝わる話し方とはどのようなものだと思ったかを話し合う。また，スタッフは，「伝言ゲーム」であまり目配りができなかった子どもに，シェアリングの時間中に目配りに気をつけてみるように促していく。

2）グループごとに発表する
グループで話し合ったことを全体に発表する。

3）まとめをする

＜まとめの例＞

自分の話を聞いてほしいと思っても，話したいことをただ話せばいいというわけではありませんでしたね。相手に話を聞いてほしいときは，まずは話すときのコツに気をつけながら話すことが大切です。そして，話を聞いてくれる相手がどんな表情をし，どんな姿勢で自分の話を聞いているか目配りをしながら話すと，相手もしっかりと聞いてくれました。話すときには目配りをすると相手も気持ちいいし，自分も相手の様子がよくわかって，話を盛り上げたり，楽しい会話にしたりできます。これから話をするときには話すときのコツに気をつけながら相手に目配りをすると話がさらに弾むでしょう。

4）わくわくトライの説明を聞く

目配りをして話したり，聞いたりしたときの気持ちを思い出して，「目配りをしながら，話したこと，話してもらったことは？」シート（2-3）に記入するよう伝える。

 ココがポイント！

　ここでは，相手に視線を送ることを特に意識しながら話をすることを体験します。普段，相手との会話の中でどれだけ相手を見ているのかを意識していないことが多いため，こういう機会に目配りをする体験をさせます。また，相手が複数のときには，特定の1人だけでなく全員に視線を送るという練習をすることで，話すときには全体を見わたしながら話すことが大切であることに気づけるでしょう。

　活動例2-①で，会話を盛り上げるには聞き方が大切だということを学びますが，話し手の話し方も同様に大切です。そっぽを向いて話したり，恥ずかしがって下を向いて話したりすると誰に向かって話しているのかわからず，聞き手もとまどってしまうでしょう。つまり，視線を送ることは，話し手が聞き手に対して話しているという合図を送っているということであり，活動例2-②を通してこれらについても学べることをめざします。

　さらに，「伝言ゲーム」のように，実際に目配りを使った遊び的な活動をすることによって，話し方の大切さだけでなく，話すことの楽しさも実感できることでしょう。

2-3 「目配りをしながら，話したこと，話してもらったことは？」シート

目配りをしながら，話したこと，話してもらったことは？

名前 _____

◆ 目配りをしながら，だれかに話したこと，または話してもらったことはあるかな？ そのときのことを思い出して書いてね。

● だれに話したかな？

[　　　　　　　　　　　　　　　　　　　　　]

● どんな話を話した，または話してもらったかな？

[　　　　　　　　　　　　　　　　　　　　　]

● そのとき，あなたはどう感じたかな？

[　　　　　　　　　　　　　　　　　　　　　]

あのね……

「第2章　話し方・聞き方」で学習した
コミュニケーションのコツ

◆　聞くときのコツ
1. 話す人のほうに顔と体を向けて聞く
2. よそ見やよそごとをせずに聞く
3. うなずいたり，あいづちをうったりする
4. 最後まで聞く

◆　話すときのコツ
1. 聞いている人にむかって話す
2. 聞いている人に聞こえやすい声で話す
3. はっきりと話す

他者の視点を経験する大切さ

　教師が話をしているのに，目を合わせないでうつむいている子，よそ見をしている子がいる。これはまだましな方である。ひどくなると，落書きをしている子，隣の友だちとおしゃべりをしている子がいる。さらには，後ろを向いておしゃべりをしている子までいる。教師の方を向いて，目を合わせながら話を聞いている子は数人である。教師の話がつまらないのかもしれない，下手なのかもしれない。しかし，聞かないことや聞き方に問題がある。総合的な学習の時間に，地域の方にお話をしてもらったことがあった。やはり，同じ状況であった。話を聞いている間中，私語をしたり，こそこそと遊んだりしているのである。
　そんな子どもたちの様子を見ていると，まるで「話を聞く」ということが何であるかをわかっていないようである。人が話をしているときには，おしゃべりをしながら聞くものだと思っているのではないかと思うほど，堂々とおしゃべりを続けるのである。人の話を聞くことよりも，隣の友だちとおしゃべりをしている方が楽しいという気持ちだけで，行動しているようである。話している人が，今の自分の聞き方を見て，どんな気持ちになるだろうかなどとはこれっぽっちも想像していないのだろう。自分が相手にどのように見られているのか，相手がどのように思うのかを考える力が弱いように思う。
　もちろん，教師もそんな聞き方を注意したりする。しかし，子どもにとってそれは一過性のものであり，注意されたからやめるだけであり，「なぜだめなのか」ということまで理解するには程遠い。「注意されたからやめる」「楽しいからする」そんな判断だけで子どもが行動しているように思う。そこで，「なぜ」を全て説明していくことが大切になると考えられるが，そうすると「なぜ」を説明できないものは別にしてもいいんだと子どもが勘違いすることもあるようである。また，人の話を聞くときはこうするもんだ，ということを指導していくのも必要なことであるとも思う。
　それにしても，自分の行動が相手に及ぼす影響を考えることが弱い子が多いように思う。では，そういったことを考えさせるにはどうすればよいのだろうか。それにはまず，実際に体験させてみることが大切なのではないだろうか。つまり，自分が話をしているときに，相手がそっぽを向いていたり，おしゃべりしていたらどんな気持ちになるかを経験させる必要がある。もしかしたら，人の話を聞けない子どもは，人前で話した経験が乏しいのかもしれない。自分が話をする立場になったことがないから，どのような聞かれ方をすると気持ちいいのかというのが想像できないのかもしれない。実際に経験してみることで，相手の話を聞くときにおしゃべりが「なぜだめなのか」を体験的に理解することができると思う。
　そうすると，やはり聞くことばかりを取り上げるのではなく，話すことも一体的に取り上げていく必要があるだろう。帰りの会などで，1分間スピーチの時間がある。子どもにとって話をすることは大変だが，自分の話を聞いてもらえたという満足感からか，今度は友だちの話をしっかり聞こうとする姿勢が多く見られるようになる。
　ここでは「話す‐聞く」のことをとりあげたが，「他者の視点を実際に経験してみる」というのは，子どもたちにとって相手の気持ちや思いを考える上では非常に有効だと思われるため，他の場面でも活用していくと良いと思う。

第3章
頼み方・断り方

うまく頼むことや断ることができると友だち関係もうまくいく

　友だちと気兼ねなくつきあえるということは大切です。しかし，友だちだからわかってくれているはずという思いから，度を越えたことを言ってしまったり，逆に言うべきことを言わなかったりすることは子どもたちの間ではよくあることです。そして，それをきっかけにして関係がこじれてしまうこともあります。また，頼みごとをしたいときや，友だちからの頼みごとを断りたいときに，「迷惑をかけたくないから頼めない」と思ったり，「嫌われるのが怖くて断れない」と思ったりすることもよくあります。しかし，人に頼まないとできない場合や，人からの頼みごとを断らないといけない場合もあります。それなのに，友だち関係が壊れてしまうのを恐れて頼んだり断ったりすることができないでいると，自分が苦しくなったり，後で友だちとの間で大きな問題となったりします。すなわち，頼みごとをかなえるために無理を重ねることで自分を犠牲にするといったことや，結果的に頼まれたことを果たすことができず，人から「あの子は，頼み事を引き受けたのにやってくれないので信用できない」と言われるといったことが生じます。特に，何が起こるか不安だからおとなしくしていようとする引っ込み思案な子どもや，自分の意見や考えを主張せずに他者の主張に従ってしまうような子どもは，人にものを頼むことができずにひとりで抱えてしまって困ることが多いことでしょう。

　このような問題は日常的によく起こることですが，友だち関係などの人間関係を気持ちのよい状態に保とうとするために，「頼む」ことや「断る」ことがうまくできるのが大事だということはあまり意識されていません。特に，「頼む」ということは相手に余計な手間を取らせてしまうことであり，「断る」ということは相手を拒否してしまうことであるという望ましくない思い込みもこのような葛藤を生み出す一因であると考えられます。確かに，「これやってよ！」というぶっきらぼうな頼み方や，頼まれたことに対して理由も付けずに「いや」，「無理」と言うだけの断り方では，相手は嫌な気持ちになるでしょう。頼む・断るということ自体が望ましくないものという思い込みがあるものだけに，相手が聞いて気持ちがよいと思わせる頼み方・断り方を心がける必要があります。つまり，相手に配慮してうまく頼みごとをしたり，やさしく断ったりすることができると，相手だけでなく自分自身も大事にしていることになり，友だち関係，人間関係をうまく保つことにつながります。したがって，子どもが持っている頼むことや断ることのマイナスイメージを払拭させ，よい人間関係を維持し促進させるために，頼むことや断ることをうまくできるように練習させる必要があるのです。

　なお，このような「自分も相手も大切にする自己表現」のことを「アサーシ

ョン」と言います。

　以上をふまえ，本章では，頼むスキル，断るスキルに注目し，頼み方の活動例を1つ，頼み方と断り方（特に断り方にポイントを置いたもの）の活動例を1つ紹介します。

3-①「気持ちのよい頼み方」
　頼み方をする際のコツを使うことや，上手に頼まれると気持ちがよいことを体験し，積極的にコツを使う意欲を育てます。

3-②「気持ちのよい頼み方・やさしい断り方」
　やさしい断り方を学び，その断り方を使って断られると，断られても自分が拒否された感じではなくさわやかな印象であることを体験し，積極的に断わるコツを使う意欲を育てます。

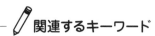
関連するキーワード

頼み方，断り方，アサーション，関係維持，対人葛藤，自己犠牲

● こんな子どもに……
・引っ込み思案な子ども
・自分の意見をはっきり言えない子ども
・相手のことばかり気にする子ども

● こんな効果！
・人間関係を維持する
・対人葛藤を和らげる
・さわやかな自己表現ができる
・相手にもさわやかな気持ちを持たせることができる
・自分に自信が持てる

第3章　頼み方・断り方　49

活動例 3-①

気持ちのよい頼み方[1]

1. この活動のねらい

　この活動では，頼むことは相手に申し訳ないことではなく，日常生活で必要なことであるということに気づき，上手に頼むことができる「頼むときのコツ」を学びます。そして，コツに気をつけ上手な頼み方ができるように練習します。頼む相手に気持ちよく引き受けてもらう模擬体験を重ねることによって，頼むときのコツを日常生活の中に生かそうという意欲を育てます。

2. 活動の流れ

全：全体での活動　グ：グループでの活動　ミニ：3人のミニグループでの活動　個：個人での活動

35分

❶ お願いをしてみよう
- 全　1）3種類の頼み方のデモンストレーションを見る
- 全　2）気づいたことや感想を話し合う
- 全　3）「頼むときのコツ」を学習する
- 個　4）「頼みごとをしてみよう」シートに記入する

35分

❷ 頼み方のロールプレイ
- 全　1）ロールプレイの方法の説明を聞く
- ミニ　2）頼みごとのロールプレイを順に役を交代して行う
- 全　3）指名されたペアが，前で頼み方のロールプレイを発表する

20分

❸ シェアリングとまとめ
- グ　1）シェアリングをする
- 全　2）グループごとに発表する
- 全　3）まとめをする
- 全　4）わくわくトライの説明を聞く

3. 準備するもの

活動	区分	準備物	サイズ	数	番号
お願いをしてみよう	全体	「頼むときのコツ」が書かれた模造紙，お面（のび太，ジャイアン，しずかちゃん）		各1つ	
	個人	「頼みごとをしてみよう」シート	B5	1枚	3-1
ロールプレイの発表とシェアリング	グループ	白紙（シェアリングシート）	B5	1枚	
	個人	「頼みごとできたかな？」シート	B5	1枚	3-2
わくわくトライ	個人	「頼みごとをしてみよう〜お家の人・友だちバージョン〜」シート	B5	1枚	3-3

1）國分康孝（監修）『ソーシャルスキル教育で子どもが変わる』（1999, 図書文化社, pp.98-100）を参考に改変。

■ 4．内容と進め方　　計90分

❶お願いをしてみよう（35分）

1）3種類の頼み方のデモンストレーションを見る

　司会者が，頼むことは大切であることを伝え，後述の3つの頼み方をデモンストレーションで例示する。このとき，3つのデモンストレーションでの頼まれ役として，演技を希望する子どもを挙手させ指名する。

　　司会者：「私たちは1人で何でもできるわけではありません。そんなときはだれかに頼む必要があります。人によっていろいろな頼み方があると思いますが，今日は3つのタイプの頼み方をやってみますので，あとで意見を聞かせてください」

　　※3つのタイプの頼み方を例示するねらいは，頼み方が違うと相手の受け止め方も違ってくるということに気づかせることである。

　　（場面設定）駅までの行き方をたずねる場面
　　（登場人物）頼む人：のび太，ジャイアン，しずかちゃん
　　　　　　　　頼まれる人：子ども（希望者）

【デモンストレーション1】

　もじもじのび太くん：自分の頼みごとをはっきり伝えない。
　「あ，あのね。●●（駅の名前）……駅にね……。い，行きたいんだけどぉ……」

【デモンストレーション2】

　いばりんぼジャイアン：攻撃的な言い方。頼みごとがかなえられたらどうなるかを伝えない。
　「おい，お前！　ここから●●駅までどうやって行ったらいいか教えろ！　ちゃんと言わないと，ぶん殴るぞ！！」

【デモンストレーション3】

　さわやかしずかちゃん：頼むときのコツを使った頼み方
　「ちょっといいですか。ここから●●駅までどうやって行ったらいいかわからないので，行き方を教えてください。教えてくれるととても助かります」
　※のび太，ジャイアン，しずかちゃんは，3人のスタッフがお面をつけて演じる

2）気づいたことや感想を話し合う

　司会者が，頼まれ役をした子どもに，3つのタイプで頼まれたときにそれぞれどのように感じたのかを聞く。また，他の子どもにも同様に聞く。

3）「頼むときのコツ」を学習する

　子どもから出された意見を汲み取り，頼むときのコツを提示しながら，相手が気持ちよいと思えるように頼むためには，頼むときの3つのコツを使うことが重要であることを伝える。

第3章　頼み方・断り方　51

◆頼むときのコツ
1. 頼みごとをする理由を言う
2. 頼みたいことを具体的に言う
3. 頼みごとがかなえられたらどうなるかを言う

頼むときのコツ
1. 頼みごとをする理由を言う
2. 頼みごとを具体的に言う
3. 頼みごとがかなえられたらどうなるかを言う

4)「頼みごとをしてみよう」シートに記入する

　各自で「頼みごとをしてみよう」シート（3-1）に，頼みごとをするときのセリフを記入する。正答が一つしかないと思いこんでセリフを書けない子どもがいるかもしれないが，スタッフは，自分の言葉でコツをふまえて頼みごとを表現すればいいことを子どもに伝え，あらたまらずにセリフを書くように促す。

❷頼み方のロールプレイ（35分）

1) ロールプレイの方法の説明を聞く

　3人一組になって，それぞれが頼み役，頼まれ役，観察役を順に1回ずつ演じることを説明する。

2) 頼みごとのロールプレイを順に役を交代して行う

　(1) グループを分割して3人組のミニグループになり，それぞれのミニグループにスタッフが1人ずつついて，頼み役の子どもに「頼みごとをしてみよう」シートに記入した頼みごとのセリフをロールプレイさせる。観察役の子どもにはその様子を観察させる。

　※演じるときに，いすなどを重い荷物にたとえて運ぶことにすると演じやすい。また，頼み役の子どもは，シートのセリフを読み上げるのでなく，覚えてロールプレイするようにスタッフが促す。

　(2) 観察役の子どもは，頼み役の子どもの「頼みごとできたかな？」シート（3-2）に記入する。

　(3) 全員が3つの役をするまで順に役を交代して(1)，(2)を繰り返す。

3) 指名されたペアが，前で頼み方のロールプレイを発表する

　ロールプレイの際にコツを押さえて上手にやりとりをしているミニグループや，面白いやりとりをしていたミニグループなど数グループに発表させる。

❸シェアリングとまとめ（20分）

1) シェアリングをする

　「頼みごとできたかな？」シート（3-2）をもとにグループで話し合いをする。

2) グループごとに発表する

　グループでの意見を全体に発表する。

3) まとめをする

　＜まとめの例＞

　今日は気持ちのよい頼み方を勉強しました。人に何か頼みたいことって学校でも家でもよくあると思いますが，ちゃんと頼みごとができないと自分が困ってしまいます。でも，上手に頼むことができて，それを相手が引き受けてくれたらとても助かります。また，頼み方が上手だと，自分の気持ちがしっかり相手に伝わり，頼まれた人が嫌な気持ちにならずに頼みごとを引き受けることができます。それに嫌な気持ちにならないだけではなくて，「相手に頼りにされているんだ」って気持ちよく感じられて嬉しくなるかもしれないですね。頼むときのコツを使って，お互いに気持ちのよい頼みごとができるようにしてみましょう。

4）わくわくトライの説明を聞く

家族や友だちに「頼むときのコツ」を使って頼みごとをするよう伝える。さらに，コツがうまく使えたかどうかを自分で「頼みごとをしてみよう〜お家の人・友だちバージョン〜」シート（3-3）にチェックしてくるよう伝える。

 ココがポイント！

> 親しみやすいキャラクターを使って例示することで，どのような頼み方が望ましいのかというイメージが持ちやすくなります。また，頼み方の特徴を3つのタイプに単純化して示すことで，普段の自分の頼み方をふり返る機会となり，自分がそのように頼まれたらどう思うかということを感じやすくさせる効果もあります。さらに，3つのタイプの頼み方を比較することによって，望ましい頼み方がわかりやすくなり，コツに気づきやすくなります。自分たちで気づいたことや発見したことは忘れにくいので，その後日常での般化も望めるでしょう。さらに，デモンストレーションで子どもが頼まれ役をすることで，頼まれたときに自分ならどう感じるかということを想像しやすくなると考えられます。そして，実際にコツを使って頼みごとの練習を繰り返すことで，日常でも使いやすくなるのです。

3-1 「頼みごとをしてみよう」シート

頼(たの)みごとをしてみよう

名前(なまえ)＿＿＿＿＿＿＿＿＿＿＿＿

あなたは今，とても重い荷物(にもつ)をある場所まで運ばなくてはいけなくて，困(こま)っています。

☆そうだ，こんなときは，友だちに頼(たの)んで助(たす)けてもらおう！

1：頼(たの)みごとをする理由は何ですか？

2：どんなことを頼(たの)みますか？（具体的(ぐたいてき)に）

3：頼(たの)みごとがかなえられたら，どうなりますか？

☆ 頼(たの)むときに気をつけること

3-2 「頼みごとできたかな？」シート

頼みごとできたかな？

名前 _____

☆ 頼むときのコツを使って，じょうずに頼みごとができたかな？
　観察役の人に○をつけてもらおう。

頼むときのコツ	じょうずにできた	まあまあできた	あまりできなかった
頼みごとをする理由を言う			
頼みたいことを具体的に言う			
頼みごとがかなえられたらどうなるかを言う			

☆ 頼むときのコツを使って頼んだとき，どんな気持ちがした？

☆ 頼むときのコツを使って頼まれたとき，どんな気持ちがした？

ぜんぶ書けたら，グループのみんなの
意見も聞いてみよう♪

3-3 「頼みごとをしてみよう〜お家の人・友だちバージョン〜」シート

頼みごとをしてみよう
~お家の人・友だちバージョン~

名前 _____

☆ お家の人や友だちなどに，頼みごとをしてみよう。

1. だれに，どんなことを頼みましたか？

2. 頼みごとをしたら，どうなりましたか？

☆ 頼むときのコツを使って，じょうずに頼みごとができたかな？
　お家の人や友だちに○をつけてもらおう。

頼むときのコツ	じょうずにできた	まあまあできた	あまりできなかった
頼みごとをする理由を言う			
頼みたいことを具体的に言う			
頼みごとがかなえられたらどうなるかを言う			

活動例3-②

気持ちのよい頼み方・やさしい断り方[2]

■ 1. 活動のねらい

3つのタイプのキャラクターを使って，頼み方と断り方のコツを提示し，上手に頼むことややさしく断ることのコツを学習します。そして，日常生活でよく見られる場面を設定し，上手な頼み方とやさしい断り方についてグループで話し合い，頼んだり断ったりすることを練習することで，実際の場面でも上手に頼んだり，やさしく断ったりできるようにします。

■ 2. 活動の流れ

全：全体での活動　グ：グループでの活動

15分

❶ 気持ちよく頼んでみよう！
- 全　1）3種類の頼み方のデモンストレーションを見る
- 全　2）気づいたことや感想を話し合う
- 全　3）「頼むときのコツ」を学習する

30分

❷ やさしく断ろう！
- 全　1）2種類の下手な断り方のデモンストレーションを見る
- グ　2）やさしい断り方について話し合い，練習する
- 全　3）グループでまとめた断り方を発表する
- 全　4）「断るときのコツ」を学習する

20分

❸ シェアリングとまとめ
- グ　1）シェアリングをする
- 全　2）グループごとに発表する
- 全　3）まとめをする
- 全　4）わくわくトライの説明を聞く

■ 3. 準備するもの

活動	区分	準備物	サイズ	数	番号
気持ちよく頼んでみよう！	全体	「頼むときのコツ」が書かれた模造紙 お面（のび太，ジャイアン，しずかちゃん）		1枚 各1つ	
やさしく断わろう！	全体	「断るときのコツ」が書かれた模造紙 お面（のび太，ジャイアン）		1枚 各1つ	
	グループ	白紙（上手な断り方をメモさせる）	B5	1枚	
全体発表とシェアリング	グループ	白紙（シェアリングシート）	B5	1枚	
わくわくトライ	個人	「やさしい断り方を考えてみよう！」シート	B5	1枚	3-4

---

2) 國分康孝（監修）『ソーシャルスキル教育で子どもが変わる』（1999，図書文化社，pp.104-107）を参考に改変。

4. 内容と進め方　　計65分

❶気持ちよく頼んでみよう！（15分）

　キャラクターの性格を生かして，「もじもじのび太くんタイプ」「いばりんぼジャイアンタイプ」「さわやかしずかちゃんタイプ」の3つのタイプの頼み方があることを提示し，「さわやかしずかちゃんタイプ」のやり方が相手も自分も気持ちがよい頼み方であることを体験する。

1) 3種類の頼み方のデモンストレーションを見る
　　司会者：「机を運びたい人がいるのですが，その机は重いので1人では持てません。そこで，誰か他の人に手伝ってもらうように頼もうと思います。頼み方にはいろいろあると思うけれど，今日は3人の人がそれぞれの頼み方で頼んでみます。頼まれ役を演じてくれる人は手を挙げてください」
　頼まれ役を演じたい子どもを募って1人を指名する。
　（場面設定）机が重いので運んでほしいと頼む場面
　（登場人物）頼む人：のび太，ジャイアン，しずかちゃん
　　　　　　　頼まれる人：子ども（希望者）

【デモンストレーション1】
　もじもじのび太くん：自分の頼みごとをはっきり伝えない。
　　「あ，あのね，つ，机を……ね……。運び……たいんだ」

【デモンストレーション2】
　いばりんぼジャイアン：攻撃的な言い方。頼みごとがかなえられたらどうなるかを伝えない。
　　「おい！　お前，机を運ぶの手伝えよ！」

【デモンストレーション3】
　さわやかしずかちゃん：頼み方のコツを使った頼み方
　　「この机を運ばなくてはならないんだけど，重くて1人では運べなくて……。だから，この机を運ぶのをいっしょに手伝ってほしいの。手伝ってもらうとほんとうに助かるんだけど」
　※のび太，ジャイアン，しずかちゃんは，3人のスタッフがお面をつけて演じる

2) 気づいたことや感想を話し合う
　司会者が，頼まれ役をした子どもに，3つのタイプで頼まれたときにそれぞれどのように感じたのかを聞く。また，他の子どもにも同様に聞く。

3) 「頼むときのコツ」を学習する
　しずかちゃんの頼み方は「自分も相手も気持ちよくなる頼み方」であったことを確認し，「頼むときのコツ」を学習する。このとき，頼むときのコツが書かれた模造紙を提示する。

◆頼むときのコツ
1. 頼みごとをする理由を言う
2. 頼みたいことを具体的に言う
3. 頼みごとがかなえられたらどうなるかを言う

❷やさしく断ろう！（30分）

　頼むときのコツをふまえて，頼みごとを断るときも，やさしい断り方のコツがあることを伝え，そのコツを自分たちで考えるとともに，実際に体験する。

1）2種類の下手な断り方のデモンストレーションを見る

　頼む役を子どもが，断る役をスタッフが演じることを説明し，頼む役を演じたい子どもを募ってひとりを指名する。

　　司会者：「机を運びたい人がいるのですが，重くてひとりでは持てません。そこでその人は友だちに手伝ってほしいと頼みました。でもその友だちは先生に呼ばれていて，すぐに行かなければならないので，手伝うことができません」

　（場面設定）机が重いので運んでほしいと頼まれるが，先生に呼ばれているので断らなければならない場面

　（登場人物）頼む人：子ども
　　　　　　　頼まれる（断る）人：のび太，ジャイアン

【デモンストレーション1】

　　もじもじのび太くん：相手の頼みをはっきりと断れない。
　　子ども：「のび太くん，この机を運びたいんだけど，重くてひとりで運べないから，手伝ってほしいんだ。手伝ってくれると助かるんだけど」
　　のび太：「えっ，あ〜，えっと……先生が……ちょっと〜，呼ばれて，て〜……」

【デモンストレーション2】

　　いばりんぼジャイアン：攻撃的な言い方で断る。謝ったり，代わりの意見を言ったりしない。
　　子ども：「ねえ，ジャイアン，この机を運びたいんだけど，重くてひとりで運べないから，手伝ってほしいんだ。手伝ってくれると助かるんだけど」
　　ジャイアン：「なんだとー，オレ様は忙しいんだぞっ。手伝っていられるか！」

　※のび太，ジャイアンは，2人のスタッフがお面をつけて演じる

2）やさしい断り方について話し合い，練習する

　（1）デモンストレーションが下手な例であったことを確認し，「気持ちよく頼めるしずかちゃんだったらどんなふうに断るかな？」と問いかけ，どんなふうに断ればいいかについてグループで意見を出し合いまとめる。さらに，グループで断り方のセリフを1つ作り，紙にメモをする。

　（2）グループでまとめた断り方をグループの中で練習する。頼む役と断る役は順番に交代して行う。

3）グループでまとめた断り方を発表する

　各グループでひとりが代表となり，しずかちゃんになったつもりでグループでまとめた断り方を全体に発表する。頼む役は，練習のときに代表の子どもとペアになった子どもが演じると演技がやりやすい。

4）「断るときのコツ」を学習する

　各グループの発表を受けて，「このグループの断り方はこういうところがいいですね」などふりかえりながら，相手が嫌な気持ちにならないように断るにはやさしく断ることが大切だと伝え，「断るときのコツ」を説明する。このとき，断るときのコツが書かれた模造紙を提示する。

　また，しずかちゃんによる模範的な断り方のセリフを提示し，断るときのコツと対応させることによって，やさしい断り方の理解を深める。なお，頼むとき・断るときの注意点として，コツの他に，1. 相手の近くに行く，2. 相手の目をきちんと見る，3. 相手に聞こえる声で言う，4. 相手をいやな気持ちにさせるような表情をしない，というような非言語的なことも大切であると伝える。

しずかちゃんによる模範的な断り方のセリフ：
「ごめんなさい。先生に呼ばれていて，すぐに行かなきゃいけないの。だから机を運ぶのを手伝えないわ。手伝ってくれそうな人を呼んできましょうか？」

◆断るときのコツ　　　　　　　　◆しずかちゃんの断り方の模範例
1. 謝る　　　　　　　　　→　「ごめんなさい」
2. 断る理由を言う　　　　 →　「先生に呼ばれていて，すぐに行かなきゃいけないの」
3. 断ることをはっきり言う →　「机を運ぶのを手伝えないわ」
4. 代わりの意見を言う　　 →　「手伝ってくれそうな人を呼んできましょうか？」

断るときのコツ
1. あやまる
2. 断る理由を言う
3. できないことを言う
4. 代わりの意見を言う

❸ シェアリングとまとめ（20分）

1) シェアリングをする
気持ちのよい頼み方ややさしい断り方を考え，実際に断ってみたり，頼まれてみたりした感想をグループで話し合い，紙にメモをする。

2) グループごとに発表する
グループの感想を全体に発表する。

3) まとめをする

＜まとめの例＞
頼むときのコツ，断るときのコツを使ってみたら，どんな感じがしましたか？　今までより安心して頼めそうだから頼んでみようかなとか，断っても嫌な感じがなくて大丈夫そうだなとかいう気持ちになりましたね。これからも相手と気持ちのよい関係でいるためにも，頼むときや断るときにはこういったコツを意識して使うとよいと思います。

4) わくわくトライの説明を聞く
「この前貸してもらう約束をしていたマンガを，明日，学校に持ってきてくれない？」という無理なお願いに対する断り方を考えてくることと，家族の人に断り方のコツを教えてあげることを課題とし，「やさしい断り方を考えてみよう！」シート（3-4）に記入してくるよう伝える。

ココがポイント！

　この活動でも，おなじみのキャラクターを使うと，気持ちのよい頼み方，やさしい断り方のイメージを持ちやすくなると考えられます。また，頼み方，断り方の両方を短時間に続けて学習する活動となっていますが，活動例3-①のような頼み方の練習をあらかじめ行ったあとに，この活動を頼み方の復習として利用した方が，断り方に重点をおいてしっかりと学習できるでしょう。また，活動例3-①と同様にデモンストレーションの相手役を子どもが演じることで，他の子どもも自分自身のことのようにイメージしやすくなります。

　頼みごとを断ることが苦手な子どもも多いと思われます。しかし，場合によっては断ることができなければ自分が困ってしまいます。そこで，このように断るときのコツを学び，日常に近い場面において断る練習を繰り返すことで，子どもは日常でも安心して断ることができそうだという感触を得て，実際に使ってみようと考えるでしょう。

　この「頼み方・断り方」は，第2章で取り上げた「話し方・聞き方」の後に行うことが望ましいでしょう。それは，頼む事柄が相手に聞こえなかったり，相手に聞く姿勢ができていないとしたら，せっかくのコツをつかって頼む・断ることをしても意味を成さないからです。ですから，相手に気持ちよく話し，相手の話をしっかり聞くという大切さを学んだ後の方が，より高い学習効果を望むことができるのです。

3-4 「やさしい断り方を考えてみよう!」シート

やさしい断り方を考えてみよう!

名前（なまえ）＿＿＿＿＿＿＿＿＿＿＿＿＿＿＿＿＿＿

断るときのコツに気をつけながら，できない頼みごとをされたときの断り方を考えてみよう!

【頼みごと】
「この前貸してもらう約束をしていたマンガを，明日，学校に持ってきてくれない?」

断り方 [　　　　　　　　　　　　　　　　　　　　　]

断るときのコツは・・・【ごめんねと言う】
　　　　　　　　　　【できない理由を言う】
　　　　　　　　　　【できないということをはっきり言う】
　　　　　　　　　　【代わりの意見を言う】だったよね。

☆　断るときのコツを家の人や友だちにも教えてあげよう!

だれに教えてあげたかな?

[　　　　　　　　　　　　　　　　　　　　　]

教えてあげた人は何と言っていたかな?

[　　　　　　　　　　　　　　　　　　　　　]

「第3章 頼み方・断り方」で学習した
コミュニケーションのコツ・注意点

◆　頼むときのコツ
　1. 頼みごとをする理由を言う
　2. 頼みたいことを具体的に言う
　3. 頼みごとがかなえられたらどうなるかを言う

◆　断るときのコツ
　1. 謝る
　2. 断る理由を言う
　3. 断ることをはっきり言う
　4. 代わりの意見を言う

◆　頼むとき・断るときの注意点
　1. 相手の近くに行く
　2. 相手の目をきちんと見る
　3. 相手に聞こえる声で言う
　4. 相手をいやな気持ちにさせるような表情をしない

第4章
感情表現・非言語的コミュニケーション

自分の気持ちや感情に合う豊かな表情やしぐさを使うことで生まれる効果

　コミュニケーションというと，これまでの章で紹介したような「あいさつをする」「会話をする」といった言葉でのやりとりをイメージしがちです。しかし，コミュニケーションの中には，言葉でやりとりするだけでなく，言葉以外でのやりとりも含まれます。

　では，「言葉を使わないコミュニケーション」とはどういうことでしょうか。例えば，「目は口ほどにものを言う」ということわざがありますが，言葉にしなくてもまばたきや目の動きを見ればその人の言いたいことがわかるということがあります。このように，自分が意図しているかどうかにかかわらず，自分の気持ちや考えていることを，身体の一部や身体全体を用いた表現で相手に伝えることができます。心理学では，自分の意思や考えを言葉で伝えるコミュニケーションを言語的コミュニケーションと言うのに対し，言葉を使わないコミュニケーションを非言語的コミュニケーション（Non-verbal Communication: NVC）といいます。まばたきや目の動きだけでなく，しぐさや，表情，顔や身体の向き，身ぶり手ぶりなども，非言語的コミュニケーションといえます。

　「第2章　話し方・聞き方」で，聞き手が話し手の方に体を向けたりうなずいたりすることで，話し手に「話を聞いているよ」ということを伝えていくことの大切さを紹介しました。これも非言語的コミュニケーションの一種です。

　さて，他者とのコミュニケーションにつまずきを感じていると思われる子どもの特徴を考えてみると
- 緊張してしまって表情が硬い
- 恥ずかしくてうつむいたり口ごもったりしてしまう
- 会話するときに強い口調になったり険しい顔になったりしてしまう
- 相手の話をよそ見しながら聞く

というように，相手に自分の意見や気持ちが伝わりにくい行動をとっていたり，自分の表情に無関心だったりします。また，相手に不快な思いをさせるような行動をとっていることもよく見られます。さらに「自分の気持ちや考えがなぜ相手に伝わらなかったのか」とか「なぜ相手が不快になったのか」ということがわからないまま，コミュニケーションの失敗経験を積んでいくと，やがてコミュニケーションに対して苦手意識を形成することにもつながりかねません。

　しかし，このような苦手意識から抜け出すのに必要なことは，ちょっとした経験だったりするのです。例えば，他者が非言語的なコミュニケーションを上手に使って接してくれる心地よさに気づいたり，他者から非言語的な表現方法を教えてもらえたりすれば，自分の考えや気持ちなどをしっかりと相手に伝えようと，自分なりに非言語的な表現を工夫してみることでしょう。

上述したことは，自分の伝えたいことがきちんと相手に伝わり，コミュニケーションにつまずかないならそれでよいということではありません。確かに，相手に不快な思いをさせなければ人間関係のトラブルは起こらないでしょう。しかし，私たちがここでオススメしたいのは，豊かな表情や，しぐさ，ジェスチャーを使うことによって，自分の気持ちや考えをより的確に表現することを目指すということです。例えば，相手の話に身を乗り出して聞いたりうなずいたりすることが「この人はぼくの話が聞きたいんだな」と相手に思わせ，「もっとたくさん話そう」といううれしい気持ちにさせます。また，失敗して落ち込んでいる相手の隣にじっと寄り添ったり，元気づけるために明るく振る舞ったりすることで相手に「私のことを心配してくれている」と思わせ，より身近に感じてくれることでしょう。もちろん，「あなたの話はおもしろい」とか「あなたのことを心配しているよ」と言葉で表現することも大事ですが，それにふさわしい表情や姿勢，しぐさなどはその言葉に信憑性を与えます。このように非言語的コミュニケーションを適切に使えるということは，言葉による情報をさらに補って生き生きとしたやりとりができるということですし，相手との人間関係を深めることにもつながります。ですから，非言語的コミュニケーションについて知り，自分や他者の表情や態度に注目するという経験が，より豊かな人間関係を育てるために重要になってくるのです。

　本章では，いくつかある非言語的コミュニケーションに関わる行動の中から，自分の気持ちを表情で表す感情表現や，表情から相手の気持ちを考える感情推測に焦点をあてた活動を2つ紹介します。なお，この章の活動に取り組む前に，第2章の「話し方・聞き方」を学習しておくと本章の活動による学習が進みます。

4-①「感情を伝えるジェスチャーゲームと色んな顔ゲーム」

　ジェスチャーゲームに感情や気持ちを含めた「感情を伝えるジェスチャーゲーム」と，指示された通りの表情ができるかという「色んな顔ゲーム」を行います。これらのゲームによって感情が伝わるようにジェスチャーで表現すること，また感情をジェスチャーから推測することを経験します。

4-②「わくわく二十面相！?」

　福笑いのように顔のパーツを用いて，嬉しいや悲しいなどの提示された感情にふさわしい顔を作成し，その顔を自分でもまねてみる「わくわく二十面相！?」という活動を行います。ある感情（気持ち）を伝えるにはどんな表情にすればよいのかを試行錯誤しながら考え，またその表情を自分の顔で作ってみるという経験をします。

関連するキーワード

非言語的（ノンバーバル）コミュニケーション，ジェスチャー，感情表現，感情推測，表情

● こんな子どもに……
・緊張してしまって表情が硬い
・恥ずかしくてうつむいたり口ごもったりしてしまう
・会話するときに強い口調になったり険しい顔になったりしてしまう

● こんな効果
・ノンバーバルコミュニケーションの大切さに気づく
・人と話をしているときに笑顔になるというように表情が柔らかくなる
・人と話をしようとする，または話を聞こうとする姿勢が身につく
・相手を不快にさせるようなことをしなくなる

活動例 4-①

感情を伝えるジェスチャーゲーム

1. この活動のねらい

　表情は人の感情を表すものですが，自分では的確に感情を表情で表現しているつもりでも，他者から見れば的確に表せているとは限らないということや，表情から感情を読み取るのはなかなか難しいということに気づくことをめざします。また，同じ言葉なのに言い方によって相手の受け取る印象が変わることに気づくこともめざします。そのための活動としてジェスチャーゲームを通じて感情を意識的に表現するという活動を行います。

2. 活動の流れ

全：全体での活動　グ：グループでの活動

20分

❶ 感情を伝えるジェスチャーゲーム（1）
- 全　1）ゲームのルールを説明する
- グ　2）ジェスチャーゲームをする
（出題者の順を決める→お題カードを引いてジェスチャーをする→ジェスチャーのお題を当てる→出題者を交代し，繰り返す）
- 全　3）ジェスチャーゲームのデモンストレーションを見る

10分

❷ 色んなかおゲーム
- 全　1）ゲームのルールを説明する
- 全　2）色んなかおゲームをする（練習→レベル1→レベル2→レベル3）

25分

❸ 感情を伝えるジェスチャーゲーム（2）
- 全　1）様々な「ありがとう」の言い方のデモンストレーションを行う
- グ　2）デモンストレーションについての意見を話し合う
- グ　3）「ありがとう」と「ごめんなさい」が含まれるお題を加え，感情を伝えるジェスチャーゲームを行う

20分

❹ シェアリングとまとめ
- グ　1）シェアリングする
- 全　2）グループごとに発表する
- 全　3）まとめをする
- 全　4）わくわくトライの説明を聞く

3. 準備するもの

活動	区分	準備物	サイズ	数	番号
感情を伝えるジェスチャーゲーム（1）（2）	グループ	お題カード（※「4-1　お題の文章」参照）	はがきくらい	37枚	4-1
色んな顔ゲーム	全体	色画用紙（赤，青，黄，オレンジの4色。できればその他2〜3色）	4つ切り画用紙くらい	各色1枚	

4. 内容と進め方　　計75分

❶感情を伝えるジェスチャーゲーム（1）（20分）

1）ゲームのルールを説明する

以下のようにゲームを進めることを説明する。

・ゲームはグループごとで行う（1人が出題者，残りは回答者）。

・ジェスチャーのお題の文章（4-1）を出題者の人が見て，身ぶり手ぶりなどのジェスチャーでグループの残りのメンバーに伝える。お題の文章には感情表現や「　　」（セリフ）が含まれていて，「　　」があれば，言葉を声に出して言う。

2）ジェスチャーゲームをする

（1）ジェスチャーゲームの出題者の順番を決める。

（2）出題者は，グループスタッフの持っているお題カードを1枚引いて，スタッフの「スタート」の合図で，お題カードに書かれている文章のジェスチャーをする。

（3）その他の子どもは回答者となって，協力してお題を当てる。

（4）スタッフがお題カードを読み上げて，回答があっているかどうかを確かめる。

（5）みんなで出題者に拍手を送り，次の出題者に交代して，（2）～（4）を繰り返す。

4-1 お題の文章

お題の文章

悲しい	本を読んで,悲しんでいる人
	食べていたソフトクリームを落として,悲しんでいる人
	友だちとお別れして,悲しんでいる人
	バレーボールをしていたら,ボールが顔にあたって,泣いている人
よろこび	泳げるようになって,よろこんでいる人
	TVゲームをクリアして「よし！」と,よろこんでいる人
	バスケットボールでゴールを決めて「やったー！」と,よろこんでいる人
	じゃんけんに勝って,よろこんでいる人
	むずかしい問題がとけて「やったー！」と,よろこんでいる人
	おもしろい話を聞いて,笑っている人
	遊園地で遊んで,楽しんでいる人
おどろき	手品をみて,おどろいている人
	あめだと思ってなめたらスーパーボールだったので,おどろいている人
	ゆうれい（おばけ）を見て「うわっ！」と,おどろいている人
くやしい	宿題をやったのに学校に持ってくるのを忘れ,くやしがっている人
	運動会の徒競走で転んでビリになってしまい,くやしがっている人
	サッカーの試合に負けて,くやしがっている人
怒り	友だちが待ち合わせの時間におくれて来たので「もぉ～」と,怒っている人
	シャープペンシルがこわれて,怒っている人
	工作で作った作品をこわされて,怒っている人
はずかしい	みんなのいる前でつまずき,ころんで,はずかしがっている人
	あくびをガマンしているところを見られて,はずかしがっている人
痛い	かかえていた重い荷物を足の上に落として,痛がっている人
	歩いていると机の脚の角に小指をぶつけて「お～」と,痛がっている人
	階段で転んで,痛がっている人
落胆・ がっかり	おみくじを引いたら大凶で「ハァ～」と,がっかりしている人
	白い服に墨をとばしてしまって,ショックを受けている人
ありがとう※	手が荷物でふさがっているときに,ドアを開けてもらって「ありがとう」という人
	プレゼントをもらってうれしいものではなかったけど,とりあえず,「ありがとう」という人
	ご飯を作ってもらって,「ありがとう」という人
	わからない問題を教えてもらって,「ありがとう」という人
	大きい机を運ぶのを手伝ってもらって,「ありがとう」という人
ごめんなさい※	野球をしていて窓ガラスをわってしまい「ごめんなさい」という人
	歩いていて肩がぶつかって,「ごめんなさい」という人
	頼みごとを断るときに,「ごめんなさい」という人
	学校にちこくして,「ごめんなさい」という人
	友だちの大事なものをこわしてしまって,「ごめんなさい」という人

※「ありがとう」と「ごめんなさい」は,感情を伝えるジェスチャーゲーム（2）でお題に含める。

> バスケットボールでゴールを決めて
> 「やったー！」とよろこんでいる人
> ※「　」のセリフは声に出してね。

お題カードの例

3) ジェスチャーゲームのデモンストレーションを見る

　伝わりにくいジェスチャーと伝わりやすいジェスチャーをスタッフが示し，表情や体の動きの大きさ，言葉の言い方などによって伝わりやすさが異なることに気づかせる。

伝わりにくい ジェスチャー	伝わりやすい ジェスチャー
・動きが小さい ・表情がない ・声が小さく聞き取りにくい	・動きが大きい ・感情に伴う表情がある ・声が大きくはっきりしている

❷色んなかおゲーム（10分）

　表情の練習のため，画用紙の色と表情を対応させるゲームを行う。全員で行ってもグループごとで行ってもよい。

1) ゲームのルールを説明する

　司会者は，以下の中から1色の画用紙を出し，子どもはその色に対応する表情を作る。

> オレンジ：笑った顔　　青：泣いた顔　　赤：怒った顔　　黄：びっくりした顔
> 他の色：フェイントとして使う。この色が提示された場合，両腕を交差させて×ポーズを作る

※説明しながら，表情を作る練習をするとよい。
※提示するとき「いろんなか〜お，どんなかお？」「あか」とみんなで節をつけながら声を出すと楽しくできる。
・表情は5秒間静止して，表情と色が対応しているかどうかを周囲の子どもと確認する。
・お手つき（色と合わない表情）をした場合，罰ゲームとしてあいさつのコツ（第1章参照）を使って自己紹介をする（例えば，「私は○○が得意（苦手）です。理由は△△だからです」など）。お手つきをした子どもは，罰ゲームが終わったら輪の中央に座り，ゲームの続きでお手つきのチェック係になる。

2) 色んなかおゲームをする

　輪になって座って，色んなかおゲームを開始する。数回繰り返して慣れてきたら，下記のように出題のレベルを上げていく。時間の最後まで残った子どもに拍手を送る。

出題提示のレベル						
レベル	表情の予告	表情の言葉	色画用紙の提示	色名	フェイント	かけ声の例
練習（ゲームの説明時に）	○	○	○	○	×	司会：怒ったかおを作るよ。色んなか〜お，怒ったかお，あか！
レベル1	×	○	○	○	×	司会：色んなか〜お，笑ったかお，オレンジ！
レベル2	×	×	○	○	○	全員：色んなか〜お，どんなかお？ 司会：きいろ！
レベル3	×	×	×	○	○	全員：色んなか〜お，どんなかお？ 司会：あお！（色画用紙を提示せずに）

❸ 感情を伝えるジェスチャーゲーム（2）（25分）

1) **様々な「ありがとう」の言い方のデモンストレーションを行う**
　（1）子どもとスタッフがペアになる。この，子どもとスタッフのペアを3組作る。
　（2）子どもがスタッフに文具を渡す場面を設定し，1組ずつ以下のようにスタッフがお礼を言うデモンストレーションを行う。
　　ペア1：気持ちのよい「ありがとう」→笑顔，目を見て，はっきりとした声
　　ペア2：嫌な感じの「ありがとう」→無表情，文具を奪い取るように，低い声
　　ペア3：もじもじした「ありがとう」→もじもじしている，小さくて聞き取りにくい声

2) **デモンストレーションについての意見を話し合う**
　グループで「それぞれの『ありがとう』はどのような言い方だったか」「『ありがとう』と言われた相手はどんな気持ちになるか」「いつもの自分はどんな言い方をするか」などについて意見を出し合う。
　話し合いを通じて，同じ「ありがとう」という言葉でも，言い方によって，言われた相手は心地よく感じたり，嫌な気分になったりと受け取り方が違ってくることを確認する。

3) **「ありがとう」と「ごめんなさい」が含まれるお題を加え，感情を伝えるジェスチャーゲームを行う**
　「感情を伝えるジェスチャーゲーム（1）」のお題に「○○してもらって『ありがとう』と言う人」「××して『ごめんなさい』と言う人」という2つのパターンのお題（お題の文章（4-1）を参照）を新たに加え，「感情を伝えるジェスチャーゲーム（1）」と同じ要領でゲームを行う。

❹ シェアリングとまとめ（20分）

1) **シェアリングする**
　ジェスチャーゲームや色んなかおゲームで感じたことなどをグループでシェアリングする。
2) **グループごとに発表する**
　グループでの意見を全体に発表する。
3) **まとめをする**
　1回目のジェスチャーゲームよりも，表情やジェスチャーに気をつけた2回目のゲームの方が伝わ

りやすかったことなどを確認してまとめる。

＜まとめの例＞
表情や言葉の言い方に気をつけたら，ジェスチャーがわかりやすくなりましたね。もしかしたら，普段の生活で，自分はそんなつもりはないのに，言い方によっては相手に嫌な感じで伝わってしまっているかもしれません。ですから，これから人と会話をするときには，自分の表情や言葉の言い方に気をつけ，そうすると今まで以上に相手にうまく伝わるかもしれません。

4) わくわくトライの説明を聞く
家族に4つの表情をしてもらったり，家で「色んなかおゲーム」をするように伝える。

ココがポイント！

　小学校中・高学年くらいは，感情をストレートに表現することが恥ずかしくなってくる年ごろです。さらに，普段おとなしくて引っ込み思案な子どもであれば，感情をみんなの前で表現することにはかなり抵抗を感じるでしょう。そこで，このジェスチャーゲームや色んなかおゲームのように親しみやすいゲームにすることによって，抵抗感を少なくして自分の表情を作る練習をします。どうしてもジェスチャーや表情づくりを恥ずかしがってできない子どもには，スタッフが一緒にジェスチャーをしたり，ゲームの輪に加わったりするなどの工夫をするとよいでしょう。
　どちらのゲームでも，友だちの表情を真剣に観察したり，感情を推測したりするという経験をしますので，表情から気持ちや感情を読み取るということに関心が低い子どもにとっては，表情の重要さに気づかせるよい機会となります。
　ジェスチャーゲームのデモンストレーションといろんな「ありがとう」のデモンストレーションは，非言語的表現の違いを比較することによって，よい点と悪い点が明確にわかるので，悪い例を示すことも，よい例を引き立たせる材料となります。また，提示されるデモンストレーションの中には，自分に思い当たるものもあるでしょう。そのため自分の今までの非言語的コミュニケーションをふりかえるきっかけになることも期待されます。

活動例 4-②

わくわく二十面相！？

■ 1. この活動のねらい

感情を表現したり推測したりすることを通じて，表現される感情への関心を高めます。また，感情表現の多様性や，表情によって感情の伝達程度が異なることを知ります。

■ 2. 活動の流れ

全：全体での活動　グ：グループでの活動　ミニ：ミニグループでの活動

45分

❶ **わくわく二十面相！？**
- 全　1) 活動の説明をする
- ミニ　2) わくわく二十面相！？を行う
（司会が表情を指示→ミニグループで顔を作る→他のミニグループの表情を確認する→自分たちが作った表情をまねる→表情4つ分繰り返す）

20分

❷ **シェアリングとまとめ**
- グ　1) シェアリングする
- 全　2) グループごとに発表する
- 全　3) まとめをする
- 全　4) わくわくトライの説明を聞く

■ 3. 準備するもの

活動	区分	準備物	サイズ	数	番号
わくわく二十面相！？	ミニグループ	顔のパーツセット （紙製の顔の輪郭） （目・口・眉のパーツ） 「わくわく二十面相！？」チェックシート	（4つ切り画用紙） B5	1セット （1枚） （各数種類） 1枚	4-2
	個人	手鏡	自分の表情が確認できる大きさ	1枚	

■ 4. 内容と進め方　　計65分

❶わくわく二十面相！？（45分）

1) 活動の説明をする

顔のパーツ（目・口・眉毛のパーツ）を顔の輪郭が書かれた紙に配置することで，指示された顔の表情を表すような表情を作成することを説明する。また，顔のパーツを使って表情を作ったら，その表情をまねて自らの顔でその表情を作ることを伝える。

※表情は「悲しい・怒った・驚いた・うれしい」の4つ。

2）わくわく二十面相！？を行う

　ミニグループ（6人の通常グループを2分割して，2～3人）に分かれ，ミニグループ1組につき顔のパーツセットを1セットずつ配付する。

　以下の（1）～（3）に従い，活動を進める。

（1）ミニグループごとに司会者から指示された表情を作る。顔にパーツをいろいろと置いてみて，ミニグループのメンバー全員が一番いいと思った顔の表情を決める。

（2）各ミニグループが作った表情を見せあう。他のミニグループが作った顔を見て，同じ感情の言葉から作った表情でも，ミニグループによって表現が違うことを確認して，「わくわく二十面相！？チェックシート（4-2）」にそれぞれのグループが作った表情の出来栄えやよいところ，気づいたことなどを記入する。

（3）自分のミニグループが作った表情を手鏡を見ながら実際に顔まねをする。

※表情1つずつについて（1）～（3）の手順をくり返す。

※時間が十分にとれない場合は，4つの表情からいくつかだけを取り上げてもよい。

❷ シェアリングとまとめ（20分）

1) シェアリングをする

　グループで，作るのがむずかしかった表情や表現するために気をつけたこと，工夫したことなどをシェアリングする。

2) グループごとに発表する

　グループでの意見を全体に発表し，いろんな顔の表情を発見できたことを確認する。

3) まとめをする

> ＜まとめの例＞
>
> 　今日は4つの表情について，みんなで目や口や眉毛を並べて作ってみました。パーツの形や向きによって表情がいろいろと変わりましたが，お題として出された気持ちを示すものになっていましたね。このことから，友だちの表情を見れば，相手がどんな気持ちなのか想像することができそうです。ところで，手鏡で見た自分の表情は，相手に気持ちが伝わる表情だったでしょうか。せっかく自分は表情を作って気持ちを表現したつもりでも，相手にわかってもらえなければ伝えたい気持ちも伝わりませんね。怪人二十面相みたいに，思った通りの表情を自由自在に作れるよう，時々は鏡でチェックしたり，気持ちがちゃんと伝わっているかを人に聞いたりしてみるとよいですね。

4) わくわくトライの説明を聞く

　自分で「悲しい」「怒った」「驚いた」「うれしい」の4つの表情をして家族に見てもらい，自分のその表情がどのくらい人に伝わったかを聞いてくるように伝える。

ココがポイント！

　自由に置くことのできる顔のパーツを使って，置く位置，角度などを工夫して指示された表情が作れるかを試行錯誤します。普段，感情や気持ちを表すのに，「どのような表情だと伝わるのか」など，目や口といった顔の細かい部分まで考える機会はほとんどありませんので，実際に表情を作ってみることで，目・口・眉毛などの顔の部分ひとつひとつがどれも大切であることを理解することができます。そして，友だちのグループが作った表情を見ることによって，自分が思いつかなかった表情でもちゃんとその感情を表現できることに気づくことができます。さらに，その表情をチェックシートで確認することによって，知らず知らずのうちに，一つの感情語を表現する表情が多様なことや微妙な違いもあることを学習できるのです。

　また，自分たちの考えた表情を自分の顔で実際に表現してみることで，他者に自分の気持ちや感情を伝えることのむずかしさと大切さを感じることができるでしょう。

4-2 「わくわく二十面相！？」チェックシート

わくわく二十面相！？　チェックシート

名前　　　　　　　　　　　　　

(　　　) ミニグループ（自分のミニグループ）

かなしい・おこった・おどろいた・うれしい　表情

できばえ	すごくいい	まあまあ	あまり	ぜんぜん
よいところ				
気づいたこと				

(　　　) ミニグループ

かなしい・おこった・おどろいた・うれしい　表情

できばえ	すごくいい	まあまあ	あまり	ぜんぜん
よいところ				
気づいたこと				

(　　　) ミニグループ

かなしい・おこった・おどろいた・うれしい　表情

できばえ	すごくいい	まあまあ	あまり	ぜんぜん
よいところ				
気づいたこと				

(　　　) ミニグループ

かなしい・おこった・おどろいた・うれしい　表情

できばえ	すごくいい	まあまあ	あまり	ぜんぜん
よいところ				
気づいたこと				

第5章
ものの見方・他者の視点に立つこと

人に対して思い込みや決めつけをしているかも，と考える

　私たちは，目の前にある2つの円を見てどちらが大きいかという簡単な判断をするときでさえ，その円のまわりにある情報によって判断を誤ることがあります。このように，形・大きさ・長さ・色・方向などが，ある条件や要因のために実際とは違うものとして知覚されることを錯視といいます。しかし，このようなものの見方の誤りは，本人が意図しているわけではなく，自然に見えてしまうことであり，見方を誤ることが悪いというわけではありません。それよりも，人はこのように見方を誤ってしまうことがあるということを知っていることが重要なのです。

　これを人に対する見方に置き換えて考えてみましょう。私たちは，本当に人の性格や行動の理由を正しく理解しているといえるでしょうか。例えば，「関西の人は明るくておしゃべりだ」とか，「ブラジルの人はサッカーがうまい」という思い込みを持っていないでしょうか。確かにそのような関西の人やブラジルの人はいると思いますが，無口な関西の人や，サッカーの苦手なブラジルの人も数多くいます。このような思い込みにあてはめて人の性格や行動の理由を決めつけてしまうことはよく見られます。これは，人間の考える能力に，効率よく情報を処理しようとする働きがあるからです。色々な関西の人に会うたびに，「この人は本当は無口だけど，もしかしたら初対面の人には緊張してしゃべり続けているのかもしれない」などといちいち考えていては，疲れてしまいます。それよりも，「この人は，関西人だから明るくておしゃべりだ」と考えた方が負担は少なくなります。このように，思い込みにあてはめて人を判断することは，考えるという労力を省くことに役立っているのです。

　しかし，このような見方が必ずしも正しい判断とは限りません。むしろ場合によってはこのような見方が誤った判断を引き起こし，人間関係にマイナスに働くこともあります。例えば，クラスの友だち2人が小声で話をしているのを見て，「自分の悪口を言っているに違いない」と決めつけて，その友だちを嫌いになってしまうということがあったとします。しかし，実際には友だちは世間話をしていただけで，自分の悪口は言っていないかもしれません。また他の例として，友だちにあいさつをしたのに返事が返ってこなかったから「自分は嫌われている」と思い落ち込んでしまったとします。しかし，実際には自分の声が小さくてあいさつが相手に聞こえていなかったり，相手が考えごとをしていて気づかなかったりしていただけかもしれません。これらの例でその後の人間関係がどのようになるか想像してみてください。良好な人間関係を築けそうでしょうか。このように，思い込みによって人の見方を決めつけてしまうことは，その後のコミュニケーションの取り方に大きく影響することがあります。

そこで，ときどき「自分の見方は本当に正しいのだろうか？」とふりかえって考えてみることが必要になります。また，人は決めつけた見方や考え方をしがちであるという認識を持つことによって，「もしかしたら他の見方や考え方があるかもしれない」と考えることにもつながっていきます。さらに，見方や考え方の可能性は何通りもあるという認識から，この場合はどんな可能性があてはまるのだろうかと相手の気持ちを推測したり，相手のことを思いやったりすることにつながり，相手の気持ちを考えて行動ができるようになると期待できます。

本章では，ものの見方のクセに気づき，様々な視点からの考え方を練習する活動を2つ紹介します。

5-①「ものの見方のクセに気づき，いろいろな可能性を考えよう―その1―」
錯視図形を使って，周辺情報によって誤った見方をしてしまうことに気づかせ，人の行動を「もしかしたら」と多様な見方で考えさせる練習をします。

5-②「ものの見方のクセに気づき，いろいろな可能性を考えよう―その2―」
5-①と同様に錯視図形を使って，周辺情報によって誤った見方があることに気づかせます。さらに，友だちからの相談場面を提示して，解決につながるようなアドバイスをたくさん考えさせることによって，多様な見方ができるように練習します。

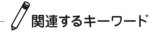関連するキーワード

思いこみ，決めつけ，ものの見方のクセ，バイアス，クリティカル・シンキング，他者視点取得，リフレーミング

● こんな子どもに……
・すぐにものごとを決めつける
・自分は嫌われているのではないかと悩み，人に積極的に関われない
・失敗やトラブルの原因を人のせいにする

● こんな効果！
・多様な視点が持てるようになる
・人と積極的に関わろうとする
・人の気持ちや立場を考えられるようになる

活動例 5-①

もののの見方のクセに気づき，いろいろな可能性を考えよう
―その1―[1]

■ 1. この活動のねらい

人には，同じものが周囲の状況や情報によって違うものに見えてしまうというように，ものの見方のクセがあることに気づきます。そして，日常生活においても，自分の思い込みによって1つの見方や理由で決めつけるのではなく，いろいろな見方や理由を考えてみようとする態度を持てるようにします。

■ 2. 活動の流れ

全：全体での活動　グ：グループでの活動　個：個人での活動

20分

❶ くらべてみよう
- 全　1）錯視図形をスライドで見る
- 個　2）錯視図形を「くらべてみよう」シートで確認する

15分

❷ これなあに?
- グ　1）「これなあに」シートの図について話し合う
- 全　2）グループの意見を発表し，スライドで確認する

20分

❸ もしかしたら
- 全　1）決めつけた見方がされやすいデモンストレーションを見る
- 全　2）グループの意見を発表し，スライドで確認する
- 全　3）2種類の「通さないよ！」について考える
- 個　4）たくさんの「もしかしたら」を考える

20分

❹ シェアリングとまとめ
- グ　1）シェアリングする
- 全　2）グループごとに発表する
- 全　3）まとめをする
- 全　4）わくわくトライの説明を聞く

---

1) 吉田寿夫『人についての思い込みⅠ』『人についての思い込みⅡ』（以上 2002，北大路書房），吉田俊和・廣岡秀一・斎藤和志（編著）『学校教育で育む「豊かな人間関係と社会性」』（2005，明治図書出版）を参考に改変。

3. 準備するもの

活動	区分	準備物	サイズ	数	番号
活動全体	全体	パソコン，プロジェクター，スクリーンなど		各1つ	
くらべてみよう	全体	錯視図形のスライド		1つ	
	個人	「くらべてみよう」シート 定規	B5 10cm以上のもの	1枚 1つ	5-1
これなあに？	全体	「これなあに？」のスライド		1つ	
	個人	「これなあに？」シート（a）	A4	1枚	5-2
		「これなあに？」シート（b）	A4	1枚	5-3
もしかしたら	全体	「通さないよ」のスライド		1つ	
	個人	「もしかしたら―友だちに無視された？―」シート	A4	1枚	5-4
わくわくトライ	個人	「もしかしたら―Aくんはふまじめ？―」シート	A4	1枚	5-5

4. 内容と進め方　　計75分

❶くらべてみよう（20分）

1）錯視図形をスライドで見る

（1）4つの錯視図形（a：ミュラー・リヤー錯視，b：エビングハウスの大きさ錯視，c：シェパード錯視，d：ポッゲンドルフ錯視。「くらべてみようシート」（5-1）の記号に対応）のスライドを順番に提示する。

※スライドは，アニメーション機能などが充実したプレゼンテーション用ソフト（PowerPoint®など）を用いて作成し，プロジェクターで大きなスクリーンに映すとよい。しかし，全ての子どもに提示することができれば，OHPのスライドでも，スケッチブックや模造紙に書いたものでもよい。

（2）提示した2つの図形のどちらが長いか（大きいか）を挙手で答えさせる。

（3）プレゼンテーション用ソフトのアニメーション機能を使って対象となる図を動かし，長さ（大きさ）が等しいことを確認する。

2）錯視図形を「くらべてみよう」シートで確認する

（1）スライドで提示した4つの錯視図形（a〜d）に新たな図形2つ（e：フィック錯視とf：ヘリング錯視）を加えたシート（5-1）を子ども全員に配付する。

（2）a〜dの4つの錯視図形を実際に定規で長さを測るなどして等しいことを確認する。また，eとfの図形については子どもに線を書き加えさせて，その線の長さや見え方を確認する。

❷これなあに？（15分）

1）「これなあに」シートの図について話し合う

半分のグループにa（「おじさんの顔」「13」に見える）のシート（5-2）を配付し，残りの半分のグループにb（「ネズミ」「B」に見える）のシート（5-3）を配付する。グループで対象となる図が何に見えるか話し合い，全体に発表する。

2) グループの意見を発表し，スライドで確認する
　スライドなどでaのシートとbのシートの両方を見せてどちらのグループの解答も正解であることを確認する。

❸ もしかしたら（20分）

1) **決めつけた見方がされやすいデモンストレーションを見る**
　決めつけた見方がされがちであるキャラクターをモデルにして，スタッフがデモンストレーションを行う。
　（場面設定）授業中の会話の場面
　（登場人物）ジャイアンとスネ夫，しずかちゃんと出来杉くん
　(1) ジャイアンとスネ夫，しずかちゃんと出来杉くんがペアとなり，4人の役をスタッフが演じる。授業中という設定でそれぞれのペアがひそひそ話をするデモンストレーションをする。
　(2) 子どもに，それぞれのペアが何を話していたかを予想させ，発表させる。
　(3) 実際に何を話していたのかをスタッフがデモンストレーションで演じながら紹介する。

	ジャイアンとスネ夫	しずかちゃんと出来杉くん
①キャラクターイメージ	・乱暴 ・ずるがしこい ・いたずらや悪さをする ・自分勝手	・真面目 ・よいことをする ・勉強熱心 ・思いやりがある
②予想した回答として考えられるもの	・遊ぶ話 ・いたずらを考えている	・勉強の話 ・テストの話
③実際に何を話していたのか	ジャイアンが黒板の字が読めないのでスネ夫に聞いていた	出来杉くんがしずかちゃんと放課後に遊ぶ約束をしていた

2) **グループの意見を発表し，全体で確認する**
　(1) 予想した回答と実際に何を話していたのかが違ったものであることから，どうして違ったかを子どもに問いかけ，発表させる。
　(2) キャラクターに対してもともと持っている印象によって，人は同じ行動でも事実と違う見方をしてしまうことがあると説明し，固定的な見方をするのではなく，柔軟な見方が必要であることを伝える。

3) **2種類の「通さないよ！」について考える**
　(1) 両手を広げ「通さないよ！」と言っている人の絵（左の絵A）のスライドをプロジェクターを使って提示する。
　(2) この人は何をしていると思うか，どんな人だと思うかを子どもに聞く（予想される子どもの答

え:「意地悪している人」「嫌な人」など)。
- (3) 先ほどの絵に「きけん立入禁止」と書かれた看板が加わった絵(右の絵B)のスライドを提示する。
- (4) 再度，この人は何をしていると思うか，どんな人だと思うかを子どもに聞く(予想される子どもの答え:「いい人」「親切な人」など)。
- (5) たった一つの行動や状況から判断するのではなく『もしかしたら』といろいろな理由を考えてみる必要があることを伝える。

4) たくさんの「もしかしたら」を考える
- (1)「もしかしたら―友だちに無視された？―」シート(5-4)を配付する。
- (2)「シートの絵にあるようなことだけから，友だちのことを本当に「いやなやつ」だと言えるだろうか，もしかしたら他の理由があるかもしれないので，他の理由をたくさん考えてみよう」と説明し，考えられる理由をできるだけたくさん書き込ませる。

❹シェアリングとまとめ (20分)

1) シェアリングをする
「もしかしたら」シート(5-4)においてどんな理由を考えたかをグループで話し合う。

2) グループごとに発表する
グループでの意見をまとめ全体に発表する。

3) まとめをする

<まとめの例>
普段，みんなは周りの子に対して「あいつはいつも怒っているから嫌い」などと決めつけているということはありませんか。もしかしたら，怒っているのはそのときそのときちゃんとした理由があるからかもしれません。今日は，ものごとには「もしかしたら」と考えてみることが大事だということがわかりましたね。「1つの見方で決めつけない」，「他に理由がないか考える」ということに気をつけて，いろんな「もしかしたら」を考えてみましょう。

4) わくわくトライの説明を聞く
「もしかしたら―Aくんはふまじめ？―」(5-5)シートを配付し，次回までに記入してくるよう伝える。

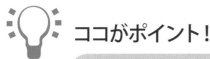 **ココがポイント！**

　錯視図形を提示するスライドは，PowerPoint® のようなプレゼンテーション用ソフトで準備し，本当に同じ図形かを確認するためにアニメーション機能を使って2つの図形を重ねて見せるなどの工夫をするとよいでしょう。というのも，子どもが各々で確認するよりも，全員で同じものを見て確認した方が，驚きを共有し理解も深まるからです。しかし，素直に信じられない子どももいるかもしれませんので，そんなときは，「くらべてみよう」シート（5-1）のように錯視図形の印刷物を配付し，実際に定規を使って各自で確かめさせるとよいでしょう。

　また，錯視図形の学習は，単に「おもしろい」と興味をひかせるだけでなく，注目する図形の周りの状況や情報によって見方が異なり，それが図形だけではなく，普段の生活や人間関係にもあてはまるのだという学習の導入になります。「いろいろな可能性を思考する」のは高度な精神活動ですが，このような導入のおもしろさにつられて，少しむずかしいことでも興味を持って取り組むことができるようになります。

くらべてみよう

(a)
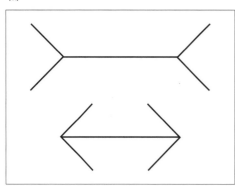

(b)
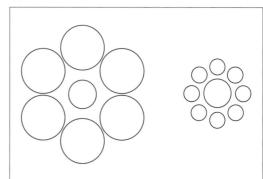

(c)
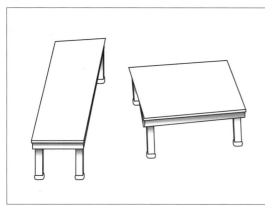

(d)
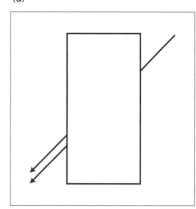

(e)
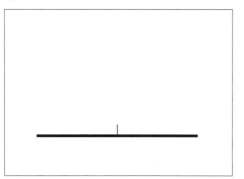

※定規を使わずによこに引いてある線と同じ長さの線をたて（垂直に）引いてね。

(f)
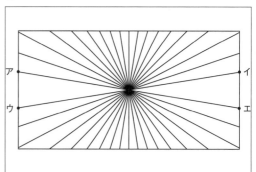

※アとイ，ウとエを直線でむすんでね。

5-2 「これなあに？」シート (a)

これなあに？[2]

5-3 「これなあに？」シート (b)

これなあに？[3]

2) 3) Bugelski, B. R., & Alampay, D. A. 1961 The role of frequency in developing perceptual sets. *Canadian Journal of Psychology*, **15**(4), 205-211. より。

もしかしたら
―友だちに無視された？―

グループ名　　　　　　　　　名前

でも，今日のようすだけから「いやなやつだ」と決めつけていいのかな？
そのほかに考えられることを書いてみよう。

1. ＿＿＿＿＿＿＿＿＿＿＿＿＿＿＿＿＿＿＿＿＿＿＿＿＿＿＿＿＿＿＿

2. ＿＿＿＿＿＿＿＿＿＿＿＿＿＿＿＿＿＿＿＿＿＿＿＿＿＿＿＿＿＿＿

3. ＿＿＿＿＿＿＿＿＿＿＿＿＿＿＿＿＿＿＿＿＿＿＿＿＿＿＿＿＿＿＿

4. ＿＿＿＿＿＿＿＿＿＿＿＿＿＿＿＿＿＿＿＿＿＿＿＿＿＿＿＿＿＿＿

5. ＿＿＿＿＿＿＿＿＿＿＿＿＿＿＿＿＿＿＿＿＿＿＿＿＿＿＿＿＿＿＿

---

4) 吉田寿夫『人についての思い込みⅠ』（2002，北大路書房，p.17）を参考に作成。

5-5 「もしかしたら―Aくんはふまじめ？―」シート

もしかしたら[5]
―Aくんはふまじめ？―

グループ名　　　　　　　　名前

でも，Aくんのようすだけから「ふまじめなヤツだ」と決めつけていいのかな？
そのほかに考えられることを書いてみよう。

1. _____

2. _____

3. _____

4. _____

5. _____

---
5) 吉田寿夫『人についての思い込みⅡ』(2002, 北大路書房, p.10) を参考に作成。

活動例 5-②

ものの見方のクセに気づき，いろいろな可能性を考えよう
―その 2 ―[6]

■ 1. 活動のねらい

　同じものが周囲の状況や情報によって違うものに見えてしまうというように，人にはものの見方のクセがあることに気づきます。そして，日常生活においても，自分の思い込みによって 1 つの見方や理由で決めつけるのではなく，いろいろな見方や理由を考えてみようとする態度を持てるようにします。活動例 5-①よりもこの活動の方が，人に対して様々な視点から考える練習が多いので，少し高度になります。

■ 2. 活動の流れ

全：全体での活動　グ：グループでの活動　個：個人での活動

40分
❶ 見方を変えると……
- 全　1）錯視図形をスライドで確認する
- 全　2）2 種類の「通さないよ！」について考える
- 個　3）たくさんの「もしかしたら」を考える
- 全　4）意見を発表して，シェアリングをする

25分
❷ こんなときどうする？
- 全　1）悩みごと相談のデモンストレーションを見る
- 全　2）相談内容について見方をとらえ直して考える
- 個　3）アドバイスを考える

20分
❸ シェアリングとまとめ
- グ　1）シェアリングする
- 全　2）グループごとに発表する
- 全　3）まとめをする
- 全　4）わくわくトライの説明を聞く

■ 3. 準備するもの

活動	区分	準備物	サイズ	数	番号
活動全体	全体	パソコン，プロジェクター，スクリーンなど		各 1 つ	
見方を変えると……	全体	錯視図形のスライド		1 つ	
	全体	「通さないよ」のスライド		1 つ	
	個人	「もしかしたら―A くんは何をしてる？―」シート	B5	1 枚	5-6
こんなときどうする？	個人	「こんなときどうする？」シート	B5	1 枚	5-7
	グループ	「話し合い」シート	B5	1 枚	5-8
わくわくトライ	個人	「もしかしたら―B くんの部屋をお母さんが見たら？―」シート	B5	1 枚	5-9

---

6) 吉田俊和・廣岡秀一・斎藤和志（編著）『教室で学ぶ「社会の中の人間行動」』（2002，明治図書出版，pp.46-60）を参考に改変。

4. 内容と進め方　　計85分

❶見方を変えると……（40分）

1）錯視図形をスライドで確認する

(1) 4つの錯視図形（a：ポンゾ錯視の応用，b：ジャストロー錯視，c：シェパード「恐怖の洞窟」の応用，d：エビングハウスの大きさ錯視）を順番にスライドで提示する。

※スライドは，アニメーション機能などが充実したプレゼンテーション用ソフト（PowerPoint® など）を用いて作成し，プロジェクターで大きなスクリーンに映すとよい。しかし，全ての子どもに提示することができれば，OHPのスライドでも，スケッチブックや模造紙に書いたものでもよい。

(2) 提示した図形についてどちらが大きいかを挙手で答えさせる。ただし，cは犬のイラストの大きさを，dは左右ともに真ん中にある円の大きさを比較する。

(3) プレゼンテーション用ソフトのアニメーション機能を使って対象となる図を動かし，大きさが等しいことを確認する。

※（a）～（c）の図形は，比較する対象が全て同じ長さ（大きさ）であるため「対象となっている2つの線の長さや2つの図形の大きさは同じ」と思い込むことが予想される。そこで最後の円の図形（d）は，左の図形の真ん中の円を右の図形の真ん中の円よりも大きくしておくと，4つ目の図形（d）でもその「思い込み」に支配されて実際とは違った大きさに見えてしまうと気づくことができる。

(a) (b)

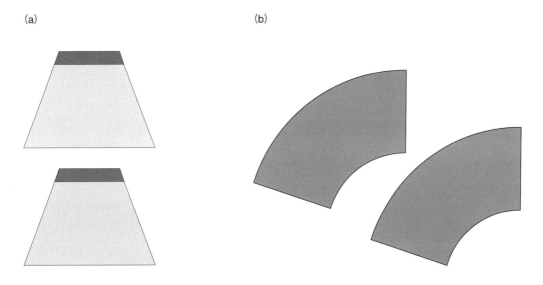

(c)

(d)

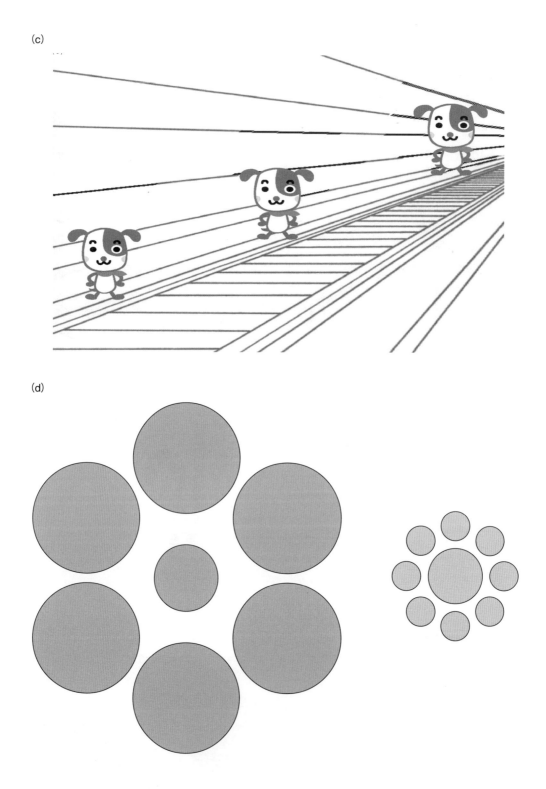

※左の図の中央の円は，右の図の中央の円よりも大きくしてある。

第5章 ものの見方・他者の視点に立つこと　91

2) 2種類の「通さないよ！」について考える
　活動案5-①-③「もしかしたら」と同じ「通さないよ！」のスライドと「きけん立入禁止」の看板がある「通さないよ！」のスライドを提示し、それぞれどのように感じるかを考えさせることで、人の言動に対して偏った見方や思い込みをしないで考えることの重要さを伝える。
3) たくさんの「もしかしたら」を考える
　「もしかしたら―Aくんは何をしてる？―」シート（5-6）を配付して、「Aくんが列に並ばない理由」をできるだけたくさん考えさせ記述させる。
4) 意見を発表してシェアリングをする。
　いくつかの意見を全体に発表させる。そして、見方を変えてみるとものごとのいろいろな面が見えてくること、決めつけるのではなく多面的にものごとを見ることの大切さについてまとめる。

❷こんなときどうする？（25分）

1) 悩みごと相談のデモンストレーションを見る
【デモンストレーション】
　タミ：「ちょっと聞いてくれるかなぁ。いま、困っていることがあって……」
　友だち：「ふ〜ん。どうしたの」
　タミ：「私の友だちのミギーワさんは、自分勝手なんだ。いっしょに遊ぶときも、勝手に遊びを決めてしまうこともあるし、私に命令することもあるんだ。それに、ミギーワさんは勉強やスポーツも得意だから、私に自慢してくるんだよ。私は、すぐにはいろいろなことが決められないんだ。そして、いろいろなことが気になってすぐにクヨクヨ悩んでしまうんだ。それに、ミギーワさんに言いたいことが言えないんだ。……それに、……」
　友だち：「ちょっと待って。今、タミちゃんはミギーワさんや自分のことをイヤなふうにばかり見てない？」
　タミ：「う〜ん。でも、考えるとイヤなことばかり頭に浮かんでしまって」
　友だち：「そうかぁ。でも、タミちゃんが悪いと思っていることも、違う見方をすると、その人のいいところだということもあるんだよ。え〜っと、例えば、ミギーワさんは一人で勝手に決めてしまうかもしれないけど、それってみんなが迷っているときに引っぱっていけるリーダーをやってくれているかもしれないよね」
　タミ：「あ〜。そうかもしれない。ミギーワさんは、学級委員もやっているし。みんなが決められなくて困っていたときに、ミギーワさんがしっかりと決めてくれたから助かったこともあったよね」
　友だち：「その他にも、見方を変えるとイヤだなと思っていたことが、いいところだと思えるようになるかもしれないよ。ちょっと、一緒に考えてみようよ」

2) 相談内容について見方をとらえ直して考える
　下線部のように、ミギーワさんに対して「悪い」と決めつけていたことを、見方を変えて考えてみることによって、ミギーワさんを「素敵な人だ」と考えることができるようになる例を示す。

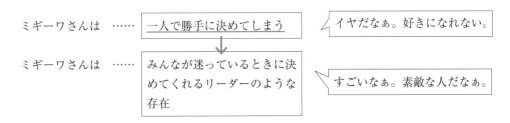

3) アドバイスを考える

子どもに「こんなときどうする？」シート（5-7）を配付し，自分が相談を受けている人だったらどのようにアドバイスするか，2)の例にならって考えさせる。

ミギーワさん

（リーダーとして見た）ミギーワさん

―「こんなときどうする？」シートの回答例 ――――
①相手のことをよく気遣う。思いやりがある。
②ものごとをじっくりと考える。慎重なタイプ。
③細かいところに気づくことができる。
④自分のよいところをきちんと相手に伝えることができる。

❸ シェアリングとまとめ（20分）

1) シェアリングをする
「話し合い」シート（5-8）を用いてグループで以下の3点について話し合う。
・「大きさくらべ」や「もしかしたら」で気づいたことや思ったこと。
・「こんなときどうする？」で難しかったところ。
・「こんなときどうする？」で友だちの考えを聞いて「いいな」と思ったところ。

2) グループごとに発表する
グループでの意見を全体に発表する。

3) まとめをする

―＜まとめの例＞――――
今日はいろいろな図形を見て，見た目が違って見えても実際は同じものだったり，同じように見えるものでもよく見ると違ったものだったりということを体験しました。このように見た目で見えることと実際とは違うということがたくさんあります。タミちゃんの相談も，見方をちょっと変えただけでミギーワさんがたちまち素敵な人だと思えましたね。いったん思い込んだり決めつけたりしても，実際は違うかもしれないといろいろと考えてみることや，少し工夫してその人の見方を変えてみると，違った一面が見えるかもしれません。もし，友だちや家族から「嫌なことをされて気分が悪いなぁ」と思ったときに，一度見方を変えて考えることができるといいですね。そして，自分の見方が思い込みかどうかを本人に直接，率直に確かめてみることも大切です。

4) わくわくトライの説明を聞く
「もしかしたら―Bくんの部屋をお母さんが見たら？―」シート（5-9）を配布し，「お母さんが散らかった部屋で寝転がって本を読んでいるBくんの部屋を見たら，どう思うか？」を考えて書いてくるよう伝える。

5-6 「もしかしたら―Aくんは何をしてる?―」シート

もしかしたら
―Aくんは何をしてる?―

名前（なまえ）_____

◆ Aくんが列にきちんとならんでいません。なぜならんでいないのかな？ 理由（りゆう）をいろいろ考えてみよう。

● Aくんは _____

● Aくんは _____

● Aくんは _____

● Aくんは _____

● Aくんは _____

● Aくんは _____

こんなときどうする？

名前 ＿＿＿＿＿＿＿＿＿＿＿＿＿

> ミギーワさんは自分勝手です。遊ぶときも，自分で勝手に決めてしまうことがあります。それにわたしに命令してくることもあります。そして，ミギーワさんは得意なことをじまんしてくることもあります。
> でも，私は，ものごとをすぐに決めることができません。それに，小さなことが気になって，クヨクヨなやんでしまうんです。それに，ミギーワさんに言いたいことをきちんと言えないんです。

タミちゃん

☆タミちゃんが友だちのことや自分のことで悩んでいるよ。
タミちゃんを元気づけるために，みんなもいっしょに違う言い方を考えてあげてね。

|例| ミギーワさんは，自分で勝手に決めてしまう。

　→　　みんなを引っぱってくれるリーダーのやくわりができる

①タミちゃんは，友だちに言いたいことが言えない。

　→　＿＿＿＿＿＿＿＿＿＿＿＿＿＿＿＿＿＿＿＿＿＿＿

②タミちゃんは，ものごとをすぐに決めることができない。

　→　＿＿＿＿＿＿＿＿＿＿＿＿＿＿＿＿＿＿＿＿＿＿＿

③タミちゃんは，小さなことが気になって，クヨクヨなやんでしまう。

　→　＿＿＿＿＿＿＿＿＿＿＿＿＿＿＿＿＿＿＿＿＿＿＿

④ミギーワさんは，得意なことをじまんしてくることがある。

　→　＿＿＿＿＿＿＿＿＿＿＿＿＿＿＿＿＿＿＿＿＿＿＿

5-8 「話し合い」シート

「話し合い」シート

（　　　　　　　）グループ

◆ 「大きさくらべ」や「もしかしたら」で気づいたことや思ったこと。

◆ 「こんなときどうする？」でむずかしかったところ。

◆ 「こんなときどうする？」で友だちの考えを聞いて「いいな」と思ったところ。

5-9 「もしかしたら―Bくんの部屋をお母さんが見たら？―」シート

もしかしたら
―Bくんの部屋(へや)をお母(かあ)さんが見たら？―

名前(なまえ)（　　　　　　　　　　）

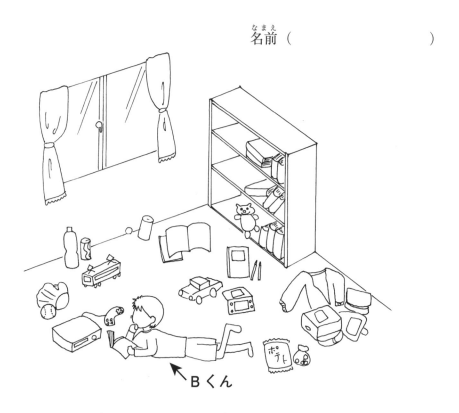

Bくん

◆　ここはBくんの部屋(へや)です。Bくんの部屋(へや)を見たお母さんはどう思うかな？
お母さんになったつもりでいろいろ考えてみよう。

●お母さんは_____

●お母さんは_____

●お母さんは_____

●お母さんは_____

●お母さんは_____

●お母さんは_____

ココがポイント！

　人間の行動や特徴について視点を変えて考えてみる練習を，活動例5-①よりも多く取り上げました。特に，「こんなときどうする？」では，友だちの悩みを聞いて共感しつつも，悩みごとを違う見方にとらえ直して解決していこうというアドバイスをするので，子どもにはピア・サポートの訓練にもなるような絶好の練習であると言えます。しかし，1つの考えにとらわれてしまって苦しくなるといったことは日常生活で起きがちな出来事ではありますが，そのように考えてしまっていることがよくないことだと思いこまないように配慮をする必要があります。また，ものごとを「必ず肯定的にとらえないといけない」という思いこみを持たないように配慮する必要もあります。今回の課題は難しい課題ですが，子どもがあきらめずにいろいろなことを考えられるように，スタッフは積極的に声をかけて補助しながら進めていきましょう。

第6章
共同制作

共同作業を通して個性を尊重し合い，楽しさ，達成感を味わう

　近年の子どもは，きょうだいが少なかったり，テレビゲームや携帯ゲームといったひとり遊びの機会が多かったりと，生活の中で人といっしょに何かを成し遂げるといった経験になかなか恵まれません。しかし，社会では，目的に向かって他者と協力することがしばしば求められます。そして，個人の力だけでは成し得ない大きな仕事を達成していく必要もでてきます。

　他者というのは当然自分とは異なる存在ですから，共通の課題が与えられても，それぞれの抱く発想やイメージはけっして同じではありません。しかし，子どもにとって，自分と他者の個性の違いを明確に区別することはまだむずかしく，自分の視点だけから他者の気持ちを決めつけてしまったり，自分の基準で他者を評価してしまったりして，そこからトラブルが発生するということもしばしばあります。

　そこで，一人ひとりは同じではないということを大事にし，そこを出発点として，共同してみんなで1つの作品を作り上げるという経験をさせてみます。すると，個性の違うもの同士が同じ課題に取り組むことは大変なんだということに気づきます。しかし，大変であるからこそ，スタッフの援助を受けながらも，互いに話し合ったり，折り合いをつけたり，役割分担したりして力を合わせ，遂に課題を成し遂げたとき，「できた！」といった大きな喜びを感じることができます。また，ふりかえってみると，共同作業をするというのは意外に充実していたことにも気づきます。同時に，グループのなかまへの信頼も育っています。このように，一人ひとりの異なる個性を持ち寄ることでひとりで取り組むよりも豊かな世界を完成でき，友だちとも親しくなれた，という経験をします。すると「人それぞれの個性は，認め合い，尊重し合う価値のあるものなんだ」ということを実感として持つことができます。さらに，他者と協力して課題を成し遂げたという成功体験から，他者に対して気遣いや援助行動をすることの大切さに気づいて思いやりが育ちます。また，「自分はできるんだ」という自信や自己効力感が育つとともに，「自分たちはできるんだ」という集団効力感も育ちます。

　しかし，このような共同作業による成功体験が少ないと「人と協力し合って仕事をするなんてめんどうなこと」と決めつけてしまい，人間関係を築くことがいっそうおっくうになり，結果として社会から引きこもりがちな人にもなりかねません。人間関係の垣根を低くするためにも，このような「成功」を前提としたグループワークの経験を積み重ねる必要があります。なお，このようなワークについては，子どもの発達段階に合わせて，他者と葛藤したり協力したりするという部分の幅を調整するという配慮が必要となります。

本章で取りあげる活動は，特に決まった答えがあるものではありません。その意味では，次の7章でとりあげる「集団での問題解決」ほど高度な活動にはならず，取りくみやすいものになります。

　本章では，グループで共同して1つの絵画作品を制作するという活動を2つ紹介します。

6-①「みんなで森をつくろう」

　まず，「1本の木」を描くという単純な指示に従って，各自が思い思いに木を描きますが，描かれた木の絵を見比べると全て異なっていることに気づきます。次に，みんなの「1本の木」を持ち寄って，グループで「森」を描き上げ，この作品にタイトルとストーリーをつけて完成させます。こういった過程の中で共同で作業することの楽しさを実感し，さらに，できあがった作品を鑑賞することで，個性の違いを生かしながらも1つの作品にまとめることができたという達成感や有能感を味わいます。

6-②「お魚天国―海ができたら大漁だ！―」

　6-①と同様に，まず各自が思い思いに魚を描き，次に，これらの魚が住む海の世界をグループで話し合って描きます。海ができあがったら，互いのグループの作品を鑑賞し合い，さらに，よそのグループの海へ移動してグループ対抗で魚釣りゲームを行います。

　海の世界をつくる，といった共同作業をすることによって，互いの個性の尊重とグループ内の交流を図るだけでなく，他のグループの作品で遊ぶことを通して，グループをこえた交流やなかまへの信頼を深めます。

　これらの活動によって，話す，聞く，協力，調整，応答性のスキルを育成したり評定したりすることができます（第10章参照）。また，ペンなどの物の貸し借りや役割分担をしたりするときに，頼む，断るといったスキルも育成できるでしょう。

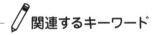

関連するキーワード

共同作業，協力，調整，達成感，満足感，個性の尊重，有能感，自己効力感

● こんな子どもに……
- 共同作業の苦手な子ども
- 協調することが苦手な子ども
- 言語表現の苦手な子ども
- 人間関係を作るのが苦手な子ども
- 自分ひとりの世界にすぐに逃げ込む子ども
- 課題を他者に任せたり，さぼりがちな子ども

● こんな効果！
- 自分の意見をはっきり言えるようになる
- 人の話を最後まで聞けるようになる
- 協力意識を高める
- 自分の役割を自覚する
- 他者の作品や絵に興味を持つ
- 互いの違いを尊重できるようになる
- 人間関係を作ることへの抵抗感を和らげる
- 自分に自信が持てるようになる

活動例 6-①

みんなで森をつくろう

■ 1．この活動のねらい

　子どもが自由に思い描いた「1本の木」を見せ合うことにより，全員が同じ課題を与えられたにもかかわらず，描かれた絵の特徴が異なっていることを実感します。また，みんなの「1本の木」を持ちよってグループで「森」という1つの作品を作り上げることによって，共同作業の楽しさと達成感を味わい，グループ内の交流を深めます。

■ 2．活動の流れ

全：全体での活動　グ：グループでの活動

20分

❶ **木を描こう**
- グ　1）B5の紙に「1本の木」を描く
- 全　2）人の描いた木と見比べる
- グ　3）描いた木を模造紙に貼る

35分

❷ **みんなで森をつくろう**
- グ　1）どんな森にするのかを話し合う
- グ　2）絵を描き足して森を完成させる

35分

❸ **シェアリングとまとめ**
- グ　1）森のタイトルなどを考え，シェアリングする
- 全　2）スタッフが，発表のしかたを見本として見せる
- 全　3）グループごとに全体に発表する
- 全　4）まとめをする
- 全　5）わくわくトライの説明を聞く

■ 3．準備するもの

活動	区分	準備物	サイズ	数	番号
木を描こう	全体	スタッフが制作した「森」の見本		1枚	
	個人	白紙の用紙	B5	1枚	
		色マジックペン，クレヨン，色鉛筆，ノリ，ハサミ，新聞紙（マジックペンで机を汚さないため）	適宜		
みんなで森を作ろう	グループ	模造紙		1枚	
	個人	色マジックペン，クレヨン，色鉛筆，ノリ，ハサミ，新聞紙（マジックペンで机を汚さないため）	適宜		
シェアリング	全体	スタッフが制作した「森」の見本（「木を描こう」で使ったものと同じ）			
	グループ	「みんなで森をつくろう」発表シート	B5	1枚	6-1

■ 4. 内容と進め方　　計90分

❶木を描こう（20分）

1) B5の紙に「1本の木」を描く
　B5サイズの白紙を配り，司会者が「木を1本描いてください」という指示を出す。子どもは，色マジックペン，クレヨン，色鉛筆などを用いて，形や色を限定されずに自由に木を1本描く。

2) 人の描いた木と見比べる
　グループの他の子どもが描いた木を見比べるように指示し，「木を1本描く」という共通の課題を与えられても一人ひとりの描く木が全く異なっていることに気づかせる。また，他のグループの子どもが描いた木も見て，木といってもどれ一つとして同じ木がないことを全員で確認する。

3) 描いた木を模造紙に貼る
　描いた木を輪郭にそって大雑把に切り抜き，各グループに配付された1枚の模造紙の好きな場所に切り抜いた木を貼る（この時点では，なぜ模造紙に貼るのかという説明はしない）。

　※この後の「みんなで森をつくろう」で完成する森と比較するため，模造紙に木を貼り付けたこの時点のものを，デジタルカメラ等で記録しておくとよい。

❷みんなで森をつくろう（35分）

1) どんな森にするのかを話し合う
　木を貼り付けた模造紙に絵を描き足して，グループのみんなで1つの森をつくることを説明し，グループで，どんな森にするのかを話し合う。

2) 絵を描き足して森を完成させる
　話し合った内容が反映された森を，絵を描き足して完成させる。

　※デジタルカメラ等で完成した「森」を記録しておくと，①木を描こうの無造作に木を貼っただけの絵と完成した森の作品とを見比べて，「みんなで取り組んだら，バラバラだった木がまとまりをもつようになって，すばらしい作品ができた」ということがよくわかり，いっそうの達成感が得られる。

❸シェアリングとまとめ（35分）

1) 森のタイトルなどを考え，シェアリングする
　「森のタイトル」「森の詳しい説明（どのような森か）」「工夫した点」「感想」をグループで話し合い，「みんなで森をつくろう」発表シート（6-1）にまとめる。全体発表のときに発表する人や模造紙を持つ人などの役割をグループで決めておく。

2) スタッフが，発表のしかたを見本として見せる

発表のしかたを見本として見せるために，スタッフが事前に作成した森について，スタッフが発表する。

3) グループごとに全体に発表する

完成した森の作品をグループごとに順番に発表する。1つのグループの発表が終わるたびに質問タイムを設けて，他のグループの子どもとのやりとりを促す。

4) まとめをする

<まとめの例>

司会者がみんなに「木を描こう」とか「森をつくろう」といった同じ指示を出したのですが同じ木や森は1つもありませんでした。このことから，木や森という言葉からイメージするものは人によってこんなにいろいろとあることがわかりました。しかも，どれもその人らしさやグループらしさを表していました。また，「森をつくろう」では，みんなの力を合わせたら，ひとりで作るよりもずっとすばらしいものができてうれしかったですね。一人ひとりの持っているものを大事にしながらみんなの力を合わせると，よりすばらしいことができますし，気持ちもよいです。みんなとも前より仲よくなりました。これからも，一人ひとりのちがった力をあわせて，すばらしいものを作っていってください。

5) わくわくトライの説明を聞く

家族に「木を1本描いてもらう」ように伝える。家族でも，自分とは全く異なる木を描くことに気づかせる。

ココがポイント！

多くの子どもは，描画に集中したり子ども同士で相談しながら描き進めたりして描くことを楽しむと思われますが，中には描画が苦手で描くことを拒否する子どももいるかもしれません。そういった子どもには，描きやすい図柄を提案したり，色を塗って貼るだけでよいように木のイラストを準備しておいたり，人が描いた輪郭の中を塗りつぶすように促すなど，無理強いさせずに参加できる方法を本人と相談しながら進めていきます。

「木を描こう」では木を描き終える時間に個人差がありますし，「みんなで森をつくろう」でもグループで完成するのに時間差が生じます。また，描くことに夢中になり，時間を忘れがちです。あらかじめ，「○分までに描く」という作業時間を知らせておき，描画中にも時々残り時間を知らせると，おおよそ時間通りに進めることができますし，子どもには時間のけじめを身につけさせることができます。さらに，作業の進行状況を考えて，描くスピードや役割を考え，計画的に物事を進めようとする力が身につくことも期待できます。

一人ひとりの「木」が，どれも個性豊かなものであることをグループでしっかり確認することやグループで仕上げた「森」も他のグループの森とは全く異なることを目で見て確認した上で，どれが正解というものではなくて，それぞれが尊重されるべきものであることを認識させましょう。

また，森を作ることの他にも，グループの全員が全体に向けて発表するという経験もしますので，自分たちが力を合わせて森作りや発表に成功したという経験を通して，作品の完成や発表できたことへの喜びを味わうことができます。グループ内の交流が今後さらに深まることも期待できます。

6-1 「みんなで森をつくろう」発表シート

「みんなで森をつくろう」発表シート

_____ グループ

1. 森のタイトルは？

2. どんな森？

3. くふうしたところ

4. かんそう・気づいたこと

5. 発表のたんとう

　　☆　発表者　　　　　　（　　　　　　　）

　　☆　絵を持つ人　　　　（　　　　　　　）

活動例6-②

お魚天国―海ができたら，大漁だ！―

■ 1．この活動のねらい

　言葉から発想するイメージは人によって違うことを，実際に自分が描いた魚と人の描いた魚を見比べて視覚的に理解します。また，グループで協力して海の作品を作り上げることで，グループ内の交流をはかり，達成感を得ます。そして，他のグループが作った海で釣りをして遊ぶことで，グループ間の交流を深めます。さらに，他者の作品のよいところや工夫したところを発見し，それを伝えることによって，互いのちがいや長所を認め合う経験をします。

■ 2．活動の流れ

全：全体での活動　グ：グループでの活動

50分

❶ 海をつくろう
- グ　1）B6の紙に「1匹の魚」を描く
- グ　2）描いた魚をグループで見比べる
- グ　3）どんな海を制作するかを話し合い，タイトルを決める
- グ　4）魚を追加したり背景を描き加えたりして海の絵を完成させる
- 全　5）自分のグループの海を全体に発表する

35分

❷ お魚天国魚釣りゲーム
- 全　1）ゲームの説明を聞く
- グ　2）ゲームができるように，自分のグループの海の準備をする
- グ　3）ゲームを実施する（2回）
- 全　4）グループの得点を出して発表する

25分

❸ シェアリングとまとめ
- グ　1）シェアシングシートに各自が記入する
- グ　2）シェアリングする
- 全　3）グループごとに全体に発表する
- 全　4）まとめをする
- 全　5）わくわくトライの説明を聞く

■ 3．準備するもの

活動	区分	準備物	サイズ	数	番号
海をつくろう	グループ	模造紙		1枚	
	個人	白紙	B6	3~4枚	
		色マジックペン，クレヨン，色鉛筆，ノリ，ハサミ 新聞紙（マジックペンで机を汚さないため）	適宜		
お魚天国魚釣りゲーム	全体	ストップウォッチ		1つ	
	グループ	海をつくろうで完成した海の絵の模造紙		1枚	

お魚天国魚釣りゲーム（つづき）	グループ	釣り竿（ふとん叩き，釣り糸またはビニールひも，マグネット）(注1)		各1個	
		海を囲むビニールひも	約620cm	1本	
		ビニールひもを止めるガムテープ	適宜		
		魚の裏に貼る点数シール(注2)，両面テープ	2cm×3cm	24枚	
		お魚天国魚釣りゲーム得点表	B5	1枚	6-2
	個人	ゼムクリップ		4個	
シェアリング	個人	お魚天国シェアリングシート	B5	1枚	6-3
わくわくトライ		「家族の「よいところ」見つけた！」シート	B5	1枚	6-4

（注1）ふとん叩きに釣り糸またはビニールひもを結び，反対側の先にマグネットを付ける。ここではふとん叩きとしているが，長細い棒であれば他のものでも釣り竿として利用できる。

（注2）魚の裏に貼る点数は，グループごとに100点×1枚，75点×2枚，50点×3枚，25点×4枚，0点×14枚（計24枚）を用意し，紙に点数を記入して，裏に両面テープを貼っておく。活動の人数や時間などによっては，シール枚数を変更して調整することも可能である。

4．内容と進め方　　計110分

❶海をつくろう（50分）

1）B6の紙に「1匹の魚」を描く

B6サイズの紙に「1匹の魚を描いてください」という指示により色マジックペンなどを使って魚を描かせ，はさみで魚の輪郭を大雑把に切り抜く。

2）描いた魚をグループで見比べる

グループや全体で見せ合って，いろいろな魚が描かれたことやどれ一つ同じものはないことを確かめる。

3）どんな海を制作するかを話し合い，タイトルを決める

海のタイトルや描くもの（生き物，背景）を話し合って決める。

4）魚を追加したり背景を描き加えたりして海の絵を完成させる

（1）後でゲームに使用するため，B6の紙に海の生き物をさらに1人1，2枚追加して描いて切り取る。

※ゲームの際に各グループの条件を統一するために，海の生き物の数は，最低でもグループに10枚（0点以外の点の枚数分）を用意する（ここでは，海の生き物の数は合計で10〜24とする）。

（2）模造紙に海の絵を描く。

5）自分のグループの海を全体に発表する

完成した海の絵を全員に披露しながら海のタイトルと作成した感想を発表する。

❷お魚天国魚釣りゲーム（35分）

1）ゲームの説明を聞く

他の2つのグループが作った海で，1本の釣り竿をグループのなかまに順に回して魚釣り（魚につけたゼムクリップを釣り竿の先のマグネットにくっつける）をして，3分間で釣った魚の点数の合計をグループで競うという釣りゲームをすることを説明する。

2) ゲームができるように，自分のグループの海の準備をする
　（1）魚の裏に点数カードを両面テープで貼り，魚にゼムクリップをつけて，床に広げた海の絵の模造紙に散らす。
　　＜点数シール＞
　　グループごとに24枚。100点×1枚，75点×2枚，50点×3枚，25点×4枚，0点×14枚。魚の裏側に貼りつけられるようあらかじめ点数を記入した紙に両面テープをつけシールになるようにしておく。0点以外の点数シールから貼っていく。
　　　魚に点数を貼るときに，生き物と点数の組み合わせを工夫するように助言する。例えば釣りやすそうな魚の点数を低くしたり目立たない魚に高得点を貼ったりすると釣りをするグループが得点をあげにくいかもしれないこと，魚の数が多いほど0点の魚も多くなることなどをグループスタッフが子どもに伝授する。
　（2）海の絵の模造紙を床に広げ，その周囲から30cm外周りをビニールひもの線で囲み，四隅をガムテープで留める。ゲーム中に，釣り人はここより中に入ってはいけない，という印である。
　（3）釣り竿をグループに1本ずつ配る。釣り竿は，釣り糸の先に磁石を付けたものをあらかじめ用意しておく。

3) ゲームを実施する（2回）
　（1）まずグループの移動を行う。グループ対抗で2回の釣りゲームの合計点数を競うが，まず1回目の釣りゲームをするために，グループのメンバーごと隣のグループの海へ移動するように司会者が指示し，グループスタッフの1人はメンバー全員を連れて隣のグループに移動する。
　（2）続いて作戦会議を行う。ゲームを始める前に釣る順番を決め，グループで協力して高得点を得るための相談を2分間してゲームへの動機づけを高めておく。
　（3）司会者のスタートの合図で，1本の釣り竿をグループのメンバーで順に回して3分間釣りをする。釣った人は魚の裏側の点数を確認し，お魚天国魚釣りゲーム得点表（6-2）に順次記入していく。司会者の終了の合図で釣りをやめる。
　（4）釣りゲームの2回目をするために，司会者の指示に従い，さらに隣のグループが作った海に，釣り得点表を持って移動し，（2），（3）の要領で釣りを行う。
　　＜自分のグループにとどまったグループスタッフの仕事＞
　　（i）釣りにきたグループに海の説明をする。
　　（ii）「高得点を得るためにどういうふうに釣ればいいかな」と言って作戦会議を促す。
　　（iii）釣りの順番が決まっているか，得点表と筆記用具が用意してあるかを確認する。
　　（iv）釣り人が線から出ないように注意する。

4) グループの得点を出して発表する
　終了したら子どもを元の席に戻して，2回の釣りの総得点を計算し，最高得点のグループに拍手を送る。

❸ シェアリングとまとめ（25分）

1) **シェアリングシートに各自が記入する**
　活動をふりかえり，お魚天国シェアリングシート（6-3）に各自が記入する。
2) **シェアリングする**
　お魚天国シェアリングシート（6-3）をもとに，自分のグループの海について思ったことや，他のグループの海のよいところなどをグループで話し合う。
3) **グループごとに全体に発表する**
　グループでの意見を全体に発表する。
4) **まとめをする**

> ＜まとめの例＞
>
> 　司会者の「1匹の魚を描く」という指示でみんなが魚を描いたのですが，どれ一つ同じ魚はありませんでした。同じ言葉を聞いてもイメージするものは人によってずいぶんちがうことに驚きましたね。また，グループのみんなで力を合わせて海を完成させてみたら，ひとりで作るよりもずっとすばらしい海ができあがってびっくりし，うれしかったですね。グループによっても全然ちがった海ができあがりました。魚釣りゲームでは，みんなで応援し合っていっぱい釣ることができ，得点もいっぱいあげることができました。また，釣りに出かけた海は，自分たちのグループの海とは全然ちがっていましたが，その海のすてきなところをたくさん見つけることもできました。魚もいろいろだったけど海もいろいろな海があり，おもしろかったですね。一人ひとりの力を大事にして，その力を合わせるともっとすごいものができることがわかりました。

5) **わくわくトライの説明を聞く**
　他者のよいところに気づく力をつけるために「家族の『よいところ』見つけた！」シート（6-4）に記入してくるよう伝える。

ココがポイント！

　「海をつくろう」では，魚や海の作成を楽しむことができますが，描かれた魚や海が多様であることに気づき驚くことによって，他者を認め尊重する気持ちを育てることをめざします。
　「お魚天国魚釣りゲーム」では，グループで作戦を立てて協力しながら高得点を競うことによって盛り上がり，グループ内の交流と信頼感を深めます。時間に余裕があれば，一つでも多くのグループの海に行って競うと，作戦や釣る技術も次第に高度になり，ゲームがさらに盛り上がることでしょう。
　シェアリングでは，他のグループから，自分たちの作った海について工夫したところに気づいてもらい，認めてもらえる経験をすることによって，共同制作したことへの達成感が増す効果を期待できます。また，自分の気づかなかった他のグループのよいところを友だちが発見していることを知ることで，自分がよいところを発見しようという意欲を育てます。
　海の作成に当たって，グループの話し合いや作成作業に時間がかかりますので，あらかじめ「○分までに終える」という作業時間を知らせておき，作業中にも時々残り時間を知らせて，どのグループも一定時間内に完成できるように促します。

お魚天国魚釣りゲーム得点表(つ)(とくてん)

_____ グループ

★ 釣り1回目	
海をつくったグループの名前	
海のタイトル	
1	点
2	点
3	点
4	点
5	点
6	点
7	点
8	点
9	点
10	点
11	点
12	点
13	点
14	点
15	点
合計	点

★ 釣り2回目	
海をつくったグループの名前	
海のタイトル	
1	点
2	点
3	点
4	点
5	点
6	点
7	点
8	点
9	点
10	点
11	点
12	点
13	点
14	点
15	点
合計	点

総得点	点

6-3 お魚天国シェアリングシート

お魚天国シェアリングシート

グループ名 _____

1. 自分のグループの海のタイトル。

2. 最初に「魚をかいて」と言われて描(か)いたみんなの魚を見て思ったこと。

3. できあがった自分のグループの海を見て思ったこと。

4. 自分のグループの海で,工夫したところ・よいところ。

5. 釣(つ)りをした海を見て発見した「よいところ」をいっぱい書き出してみよう。

1回目 _____ グループ　海のタイトル _____

「よいところ」

2回目 _____ グループ　海のタイトル _____

「よいところ」

6-4 「家族の「よいところ」見つけた！」シート

家族の「よいところ」見つけた！

名前　_____

● 家で，家族の「よいところ」をいっぱい見つけて，書き出してみよう。

	家族のだれに	こんな「よいところ」があるよ
1		
2		
3		
4		
5		
6		
7		
8	自分は	
9	自分は	
10	自分は	

よいところをもっとたくさん見つけた人は，この紙のうらに書いてね！

第7章
集団での問題解決

他者と話しあいながらともに問題を解決し，他者との良好な関係を続ける力を育てる

　自分ひとりで取り組むにはとてもむずかしいと思われる課題でも，人と力を合わせることによって解決できることがあります。第6章でも触れたように，社会人になれば，他者とチームを組んで協調しながら仕事に取り組む能力がいっそう求められます。そして，そこで求められる成果も非常に高い水準のものになることがあります。他者といっしょに問題に取り組むためには，うまく話し合う必要があります。また，互いの意見が合わない場合は，それぞれの意見を調整し折り合えるように話し合うことになります。その際に上手に話し合うことができなければ，解決するまでにとても長い時間がかかるでしょうし，不愉快な気持ちを味わうことにもなります。さらには，解決できるはずのことができなくなってしまうことも生じかねません。このように，他者とともに問題を解決したり他者との良好な関係を続けるためには，「うまく話し合う」という能力はとても大事です。ですから，話し合う力を幼いうちからぜひ養いたいものです。

　話し合う力をつけるには，実際に話し合いをする過程で，自分がどのように人に話し，どのような態度で人の話を聞いているかを自分でふりかえったり第三者に指摘してもらったりして気づき，まずいところをどう変えたらよいかを考え，うまくできるように練習をすることが必要です。

　また，問題を解決するためには，話し合うだけでなく，筋道を立てて考えたり，折り合いをつけたり，解決に向かってグループで協力して役割分担したりしなければなりません。時には自分の意見が通らず，人に譲らなくてはならないときもあるでしょう。しかし，こういった過程を経て問題の解決に至ったとき，達成感が得られるでしょう。それによって，自信，自己効力感が高まるとともに，「自分たちはできるんだ」という集団効力感が高まります。さらに，グループ内の交流も，苦労した分，いっそう深まることでしょう。このようにして努力が報われたときには，互いの意見をちゃんと出し合い聞き合うということ，すなわち人と円滑なコミュニケーションをとることがとても大事であると気づくはずです。そして次にコミュニケーションをとるときも，うまくできるようにがんばってみようと思うのです。

　本章でとりあげる活動は，第6章で取り上げた活動とは異なり，一定の答えがあるものになるため，より高度な活動になります。そのような活動に子どもたちが積極的に取り組めるよう，わくわくするような要素が入った活動を準備することも重要です。本章で紹介する2つの活動は，グループに集団問題解決課題が与えられ，それを解決するというものです。まず，このような課題に取

り組む前に，どうしたら話し合いがうまく進むのかを全体で考えます。その際に，聞くときのコツ，話すときのコツ（第2章参照）について確認します。そして，これらのコツを意識しながら実際に話し合いを行い，解決に至るという経験をすることから，きちんと話し合うことや協力することの大切さに気づいて，上手に話すスキルや聞くスキル，さらには，他者からの働きかけに適切に応答するスキル（応答性スキル），他者と協力するスキル（協力スキル），物事を進めるために意見を調整するスキル（調整スキル）などを高めていきます。

7-①「わくわくピラミッド探検隊―協力してお宝をさがせ！―」

ピラミッドに隠されたお宝のありか（部屋）を当てるゲームです。このゲームは，複数の情報から推理して「どきどき課題」を解決すると「暗号」を解読するヒントがもらえ，その暗号を解読するとお宝のありかがわかる，というものです。どきどき課題と暗号解読の2つの課題をクリアしなければなりませんが，課題自体はそれほどむずかしくありません。また，グループの一人ひとりに役割が与えられるため，全員が自分の役割を果たして解決に貢献でき，大きな達成感が得られる活動になっています。

7-②「わくわく宇宙船どきどき月旅行」

アメリカのNASAが作った「月の遭難」という問題を小学生向けにアレンジしたものです。月で遭難したときに，手持ちの15個の荷物の中から生き残るために必要な荷物を5個だけ選び出すことが課題です。しかし，個々の荷物の特性や用途についての知識がないと解けませんので，ヒントとなる情報を集めてグループの意見を制限時間内にまとめます。ヒントがあってもかなり迷うのですが，制限時間内に必要な荷物を5個に絞るためには，互いに活発に意見を出し合い聞き合わないといけません。このような状況の中で，話し合いのまとめ役が活躍して，解決するための話し合いを練習します。少し高度な課題なので，高学年を対象に実施するといいでしょう。

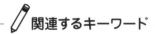
関連するキーワード

集団問題解決，話すスキル，聞くスキル，応答性スキル，協力スキル，調整スキル，達成感，満足感，成功体験

● こんな子どもに……
・引っ込み思案な子ども
・ぶっきらぼうな子ども
・協調性の低い子ども
・言語表現の苦手な子ども

● こんな効果！
・自分の意見をはっきり言えるようになる
・人の話を最後まで聞けるようになる
・協力意識を高める
・物事を進めるために意見を調整する

第7章 集団での問題解決　115

活動例7-①

わくわくピラミッド探検隊―協力してお宝をさがせ！―[1]

1. この活動のねらい

　グループのメンバーが協力して情報を集めて答えを推理し，問題解決を経験することで，協力して解決に至ることの気持ちよさや達成感を得たり交流を深めたりします。また，グループで協力して問題を解決していく過程で，聞くときのコツ，話すときのコツに注目させることや自分の態度に注目させることによって，話し合うスキルを習得させます。

2. 活動の流れ

全：全体での活動　グ：グループでの活動　個：個人での活動

10分
❶ わくわくピラミッド探検隊のゲームの説明
- 全　1）ゲームの説明を聞く
- 全　2）「話すときのコツ」「聞くときのコツ」を学習する

40分
❷ わくわくピラミッド探検隊ゲーム
- グ　1）隊長の指令によりゲームを開始する
- グ　2）隊員の役を決める
- グ　3）隊長からの指令・ピラミッド見取り図・情報カードをもらう
- グ　4）情報カードから推理し，どきどき課題の部屋の名前を解く
- グ　5）ピラミッドの番人から「探検隊への指示書」をもらう
- グ　6）暗号を解くためのヒントを集める
- グ　7）お宝のありかを解く

25分
❸ シェアリングとまとめ
- 個　1）話し合いチェックシートに各自が記入する
- グ　2）シェアリングし，各賞を決める
- 全　3）全体で答え合わせし，2）の内容と各賞を発表する
- 全　4）まとめをする
- 全　5）わくわくトライの説明を聞く

3. 準備するもの

活動	区分	準備物	サイズ	数	番号
わくわくピラミッド探検隊	全体	話すときのコツ，聞くときのコツの書かれた模造紙		1枚	
	グループ	隊長からの指令	B5	1枚	7-1
		13枚の情報カード	B5の1/13位	13枚	7-2
		ピラミッド見取り図	B5	1枚	7-3
		どきどき課題・解答用紙	B5の2/3位	1枚	7-4
		探検隊への指示書	B5	1枚	7-5

---

1) 滝充（編著）『ピアサポートではじめる学校づくり　小学校編』(2001, 金子書房, pp.108-113) を参考に改変。

わくわくピラミッド探検隊（つづき）	グループ	暗号台紙	B5 の 1/2 位	1 枚	7-6
		暗号のヒント（4種類）	B5 の 1/2 位	4 枚	7-7
		ピラミッドの部屋　解答図（スタッフの確認用）	B5	1 枚	7-8
	個人	隊員のバッジ（6種類：マーキュリー，ビーナス，アース，マーズ，ジュピター，サターン） ※裏に両面テープを貼る	B5	各 1 枚	
シェアリング	個人	話し合いチェックシート	B5	1 枚	7-9
わくわくトライ	個人	「「ピラミッド探検隊」をしょうかいし，かんそうを聞こう！」シート	B5	1 枚	7-10

■ 4．内容と進め方　　計 75 分

❶ わくわくピラミッド探検隊のゲームの説明（10 分）

1）ゲームの説明を聞く（5 分）

　グループ対抗で，隊員が集めた情報カードをもとにグループで話し合い協力して推理し，ピラミッドに隠されたお宝のありかを早く見つけるゲームを行う，と説明する。

　［登場人物］
　隊長：司会者のスタッフ 1 名
　隊員：各グループの子ども 6 名全員（マーキュリー，ビーナス，アース，マーズ，ジュピター，サターンと命名する）。
　※隊員は 1 グループにつき 6 名が必要である。足りない場合はスタッフが子どもの代役をする。
　ピラミッドの番人：スタッフ 1 名
　「ピラミッドの番人から探検隊への指示書」に登場するスタッフ：4 名（a，b，c，d）

2）「話すときのコツ」「聞くときのコツ」を学習する（5 分）

　お宝を早く正確に発見するにはグループで協力することが必要であるため，話し合いを上手に進めて早く解決するように，と子どもを励まし，話すとき，聞くときのコツを提示して，これらのコツを使って上手に話し合うように促す。

```
◆話すときのコツ（話し合いの場合）
1. みんなにむかって話す
2. みんなに聞こえやすい声で話す
3. はっきりと話す
◆聞くときのコツ
1. 話す人のほうに顔と体をむけて聞く
2. よそ見やよそごとをせずに聞く
3. うなずいたり，あいづちをうったりする
4. 最後まで聞く
```

❷ わくわくピラミッド探検隊ゲーム（40 分）

1）隊長の指令によりゲームを開始する

　隊長役である司会者が隊員となる子どもたちに「お宝をさがす旅に出発するように」指令を出し，「どのグループが早くお宝を探し出せるか競争である」と言ってゲームを始める。

2) 隊員の役を決める

グループの子ども6名がマーキュリー，ビーナス，アース，マーズ，ジュピター，サターンという隊員役に扮するため，それぞれの役名を決め，隊員名のバッジを両面テープで服につける。

3) 隊長からの指令・ピラミッド見取り図・情報カードをもらう

各グループに隊長からの指令（7-1）・13枚の情報カード（7-2）・ピラミッド見取り図（7-3）を配付する。情報カードはひとりに2枚（グループでひとりだけ3枚）ずつ裏向きにして配る。隊員は自分の情報カードを順にグループメンバーに対して読みあげた後に，初めて人に見せることができると伝える（全員がしっかり聞く態度を養うため）。

4) 情報カードから推理し，どきどき課題の部屋の名前を解く

グループで上手に話し合って，情報カードから「どきどき課題の部屋」を推理し，どきどき課題・解答用紙（7-4の上部）にどきどき課題の解答を書き込む。

5) ピラミッドの番人から「探検隊への指示書」をもらう

どきどき課題・解答用紙（7-4）を，ジュピター隊員がピラミッドの番人に持っていく。どきどき課題が正解であれば，ジュピター隊員は，ピラミッドの番人からお宝を見つけるためのヒントとなる探検隊への指示書（7-5）とどきどき課題・解答用紙（7-4）をグループに持ち帰ることができる。

6) 暗号を解くためのヒントを集める

探検隊への指示書（7-5）に従って，各隊員が暗号を解くためのヒント（7-6, 7-7）を集める。

7) お宝のありかを解く

集めたヒントをもとに暗号を解く。暗号台紙に7-7の4本のヒントの短冊を左から「2, 3, 1, 4」の順に置くと部屋の名前がわかる。暗号が解けたらお宝のある部屋をどきどき課題・解答用紙（7-4の下部）に書いて隊長に提出する。隊長は解答を提出したグループの順を覚えておく。

※正解は「星の間」（7-8参照）。

❸シェアリングとまとめ（25分）

1) 話し合いチェックシートに各自が記入する

話し合いチェックシート（7-9）を全員に配付し，各自が記入する。

2) シェアリングし，各賞を決める

チェックシートをもとにしてグループで推理の過程をふりかえり，「話し合い」がうまくできたかを話し合う。また，グループでの4つの賞（①コツに気をつけて，一番うまく話していたで賞，②コツに気をつけて，一番うまく聞いていたで賞，③グループをまとめられたで賞，④お宝を一番熱心にさがしたで賞）と「最優秀わくわく隊員賞」の該当隊員を決めておく。

3) 全体で答え合わせし，2）の内容と各賞を発表する

（1）お宝のありかをみんなで一斉に言う。

（2）解答を提出したグループ順に，サターン隊員が，シェアリングで出てきた意見やグループで決まった表彰対象者とその理由を発表し，全員で表彰対象者に拍手を送る。

4) まとめをする

＜まとめの例＞

お宝を見つけるまでに，情報カードをもとに話し合ったり，暗号を解くのにみんなで知恵を

絞ったりしました。グループでの話し合いはうまく進んだでしょうか。ひとりで推理を楽しむのもよいですが，みんなで力を合わせると自分の知らない情報を得ることができたり，自分ひとりでは思いつかないアイディアが生まれたりして，早く解決します。力を合わせるには，友だちにちゃんと伝わるように話すことや友だちの話をきちんと聞くことが大切です。そのためには，話すときのコツ，聞くときのコツを使うとうまくいくことがわかりました。また，解決するための情熱やみんなをまとめる力もあった方がグループでうまく協力できます。今日は，みんながお宝のありかを見つけられてよかったですね。お宝を見つけられたのは，みんなが一生懸命に協力したからです。これからもみんなで協力する気持ちを大切にしていきましょう。

5）わくわくトライの説明を聞く

　家族に「わくわくピラミッド探検隊」の内容を話し，「「わくわくピラミッド探検隊」をしょうかいし，かんそうを聞こう！」シート（7-10）に記入してくるように伝える。

ココがポイント！

　子どもは，情報を集めて推理するというゲームが大好きです。ゲームを盛り上げるために，みんなが探検隊の隊員に扮します。それぞれに与えられた役割を果たすことによって，各自の参加意識も協力する意欲もいっそう高まります。しかも，お宝のありかは，どきどき課題と暗号解読の２つの課題をクリアしないと解けないので，子どもはノリノリで課題に取り組み，答えを推理します。

　ところで，多くの子どもは一刻も早く正解にたどり着きたいと思うのですが，意欲が特に高い子どもの中には情報カードを独り占めにして解こうとする子どももいるかもしれません。またゲームに夢中になるあまり，うまく話し合うことを忘れてしまいがちです。それを不快に思う子も出てくるでしょうし，時にはケンカに発展してしまう可能性もあります。このように解答を導き出すことに集中するあまり，話し合いがおろそかになってはこのゲームのねらいを達成できません。スタッフは，全員がゲームに参加し，話したり聞いたりする練習ができるように，必要に応じて，話すときのコツや聞くときのコツを子どもに思い出させるように声をかけて，気持ちのよい話し合いの練習をしていることを意識づけていきます。

　また，答え合わせの後に，話すこと，聞くこと，まとめることなどが上手にできていた人を表彰します。子どもは，表彰によって「自分はうまく話せる（聞ける）ようになった」「○○さんのようにうまく話せるようになりたい」などと自信を持ったり，次回へのがんばりにつなげたりします。そのための表彰ですので，スタッフは表彰されなかった子どものためにも，表彰された子どものどんなところがよかったのかをしっかりと子どもに伝え，励ますようにします。

7-1 隊長からの指令

わくわく探検隊のみんなへの指令

　ピラミッドに残された「財宝」をさがす旅に出ることになった！　もうすでにわくわく探検隊のメンバーである，わくわくん，ドキリくん，るんるんちゃんの３人が先に行っている。

　カードをうまく使って，みんなで協力して，財宝のある部屋を見つけてほしい。では，がんばってくれたまえ！！

隊長より

7-2 13枚の情報カード

「風の間」と「月の間」は，となりどうしである。	るんるんちゃんのいる部屋は，漢字の画数が14画である。
「銀の間」の上は，「星の間」である。	「金の間」は，4階にある。
「風の間」は，「光の間」と「月の間」に通じている。	ドキリくんがいる部屋は，漢字の画数が9画である。
「光の間」「銀の間」「王の間」は，同じ階にある。	ヒントがほしければ，どきどき課題を解いて，ジュピター隊員がピラミッドの番人のところへ持っていくとよい。
わくわくんのいる部屋は，漢字の画数が6画である。	入り口から入ってすぐの部屋は，「海の間」である。
「愛の間」に行くには，「海の間」から「銀の間」を通らないと行けない。	わくわくんのいる部屋は，「夢の間」と「風の間」に通じている。
部屋は全部で，「王」「金」「銀」「愛」「月」「風」「光」「海」「星」「夢」の10こである。	↑ 枠となっている線で切り離し ← 小さなカードにする。

7-3 ピラミッド見取り図

ピラミッド見取り図

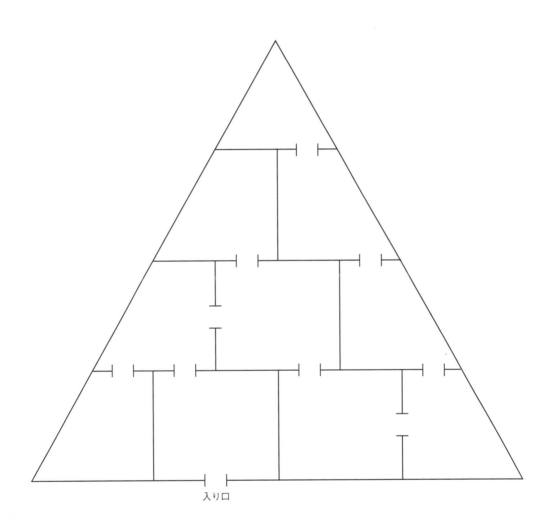

入り口

7-4 どきどき課題・解答用紙

ヒントを得るための「どきどき課題」

ドキリくんがいる部屋とるんるんちゃんがいる部屋の
両方につながっている部屋の名前

答え

ジュピター隊員がピラミッドの番人に持って行くと
「探検隊への指示書」がもらえます。

お宝のある部屋

_____ グループ

答え

※ 正解　　るんるんのいる部屋　　銀の間
　　　　　わくわくんのいる部屋　　光の間
　　　　　ドキリくんのいる部屋　　星の間
　　　　　どきどき課題の正解　　　王の間

7-5 探検隊への指示書

探検隊への指示書
(たんけんたい)　(しじしょ)

　　わしはピラミッドのお宝を守っているピラミッドの番人(ばんにん)だ。
よくここまで来たな！！　しかし，そう簡単(かんたん)に
お宝はわたさないぞ。どうしてもお宝がほしければ
以下の隊員(たいいん)は，指定(してい)されたところへ行け。
そこで何かヒントが得られるだろう。

マーキュリー隊員は（a　　　　）のところへ
ビーナス隊員は（b　　　　）のところへ
アース隊員は（c　　　　）のところへ
マーズ隊員は（d　　　　）のところへ
そして……
サターン隊員はわし（ピラミッドの番人）のところへ来い！

最後に……
万が一，お宝のありか(さが)を探し出したなら，
ジュピター隊員がお宝のある部屋(へや)を書いて
なるべく早く**隊長**に提出(ていしゅつ)するがよい。

では，せいぜいがんばることだな。

　　　　　　　　　　　　　　　　　　　　ピラミッドの番人より

※「隊員への指示書」の（　）内には，4名のスタッフの名前をあらかじめ記入しておく
・aのスタッフは，マーキュリー隊員に暗号のヒント1を渡す
・bのスタッフは，ビーナス隊員に暗号のヒント2を渡す
・cのスタッフは，アース隊員に暗号のヒント3を渡す
・dのスタッフは，マーズ隊員に暗号のヒント4を渡す
・ピラミッドの番人のスタッフは，サターン隊員に「お宝のある部屋を示す暗号（7-6　暗号台紙）」を渡す

7-6 暗号台紙

お宝のある部屋を示す暗号

とほかひぎ　ぜのめしん　のたらなか　くあえやま

7-7 暗号のヒント（暗号台紙（7-6）と同じ縮尺比で印刷したものを4本の短冊に切り取り、四角い穴を切り抜く）

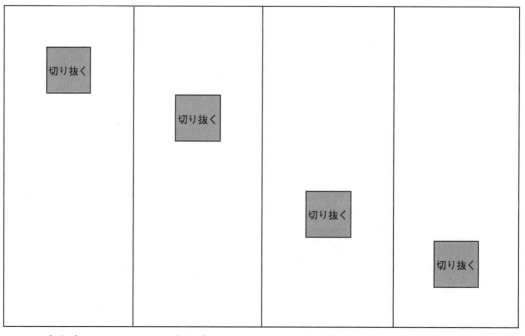

ヒント1　　ヒント2　　ヒント3　　ヒント4

ピラミッドの部屋　解答図

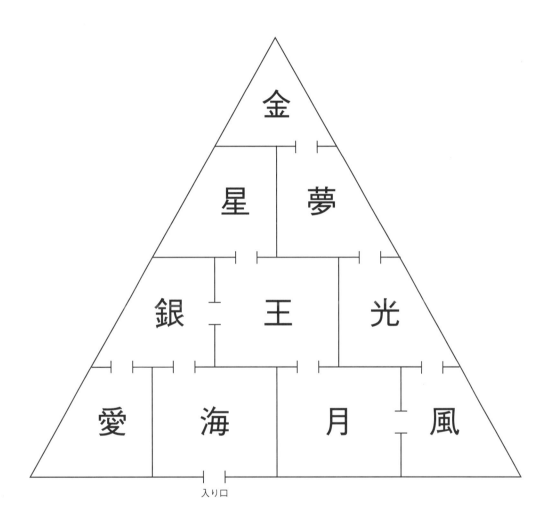

7-9 話し合いチェックシート

話し合いチェックシート

名前 _____

★ 下の文を読んで自分にあてはまるところに○をつけてください

	すごく	まあまあ	あまり	ぜんぜん
1. 自分は,「わくわくピラミッド探検隊」の宝さがしで,話すときのコツに気をつけて話すことができた				
2. 自分は,「わくわくピラミッド探検隊」の宝さがしで,聞くときのコツに気をつけて聞くことができた				
3. グループのみんなは,話すときのコツに気をつけて話すことができた				
4. グループのみんなは,聞くときのコツに気をつけて聞くことができた				

5. グループの中で,次の賞をもらえる隊員,表彰したい隊員はだれですか。それぞれの賞の横にニックネーム[隊員名]を書いてください。自分を表彰してもよいです。

①コツに気をつけて,一番うまく話していたで賞… [　　　　　　　　　]

②コツに気をつけて,一番うまく聞いていたで賞… [　　　　　　　　　]

③グループをまとめられたで賞… [　　　　　　　　　]

④お宝を一番熱心にさがしたで賞… [　　　　　　　　　]

6. 「最優秀わくわく隊員賞」は,だれで どんなところがすばらしかったですか。

だれ…………………… [　　　　　　　　　]

すばらしかったところ… [　　　　　　　　　]

7-10 「「わくわくピラミッド探検隊」をしょうかいし，かんそうを聞こう！」シート

「わくわくピラミッド探検隊」をしょうかいし，かんそうを聞こう！

名前　_____

1. 話すときのコツを使って「わくわくピラミッド探検隊」をしょうかいしてあげよう！

◆　だれにしょうかいしたのかな？　[　　　　　　　　　　　　　　　]

　話すときのコツに気をつけてしょうかいできたかな？　チェックしてみよう。

	すごく	まあまあ	あまり	ぜんぜん
1. あいてにむかって話す。				
2. あいてに聞こえやすい声で話す。				
3. はっきりと話す。				

2. 「わくわくピラミッド探検隊」をしょうかいしてあげた人のかんそうを，聞くときのコツを使って聞いてみよう！

◆　どんなかんそうをいってくれたかな？

[　　　　　　　　　　　　　　　　　　　　　　　　　　　　　]

◆　聞くときのコツに気をつけてかんそうを聞けたかな？　チェックしてみよう。

	すごく	まあまあ	あまり	ぜんぜん
1. 話す人のほうに顔と体を向けて聞く。				
2. よそ見やよそごとをせずに聞く。				
3. うなずいたり，あいづちをうったりする。				
4. 最後まで聞く。				

活動例 7-②

わくわく宇宙船　どきどき月旅行[2]

■ 1. この活動のねらい

　聞くときのコツ，話すときのコツに気をつけて，互いが気持ちよく話し合うという経験をします。また，話し合うことによって解決できるという体験から，きちんと話し合うことの大切さに気づき，話し合いが問題解決に有効であることを実感します。

■ 2. 活動の流れ

全：全体での活動　　グ：グループでの活動

15分

❶ **わくわく宇宙船どきどき月旅行のゲームの説明**
- 全　1) 状況の説明を聞く
- 全　2) デモンストレーションを見て「話すときのコツ」を学習する
- 全　3) 「聞くときのコツ」を学習する

40分

❷ **わくわく宇宙船どきどき月旅行ゲーム**
- グ　1) 「月でのそうなんシート」と「指示書」を配り，ゲームを始める
- グ　2) ヒントを参考に話し合い，グループの回答を決める
- 全　3) グループの回答を発表し，答え合わせをする

20分

❸ **シェアリングとまとめ**
- グ　1) シェアリングする
- 全　2) グループごとに全体に発表する
- 全　3) まとめをする
- 全　4) わくわくトライの説明を聞く

■ 3. 準備するもの

活動	区分	準備物	サイズ	数	番号
わくわく宇宙船どきどき月旅行	全体	話すときのコツ，聞くときのコツの書かれた模造紙		1枚	
	個人	「月でのそうなん」シート（15個の持ちものリスト）	B5	1枚	7-11
		「月でのそうなんの答え」	B5	1枚	7-12
	グループ	「なぞの宇宙人からの指示」シート	B5	1枚	7-13
		ヒントカード	B5	1枚	7-14
シェアリング	グループ	話し合いのコツチェックシート	B5	1枚	7-15
わくわくトライ		「話すときのコツ・聞くときのコツはできているかな？〜月でのそうなん〜」シート	B5	1枚	7-16

---

2) Hall, J.　1971　Decisions, decisions, decisions. *Psychology Today*, 5, 51-54., 古城和子（編）『生活にいかす心理学 ver.2』（2002, ナカニシヤ出版, pp.93-94），國分康孝（監修）『エンカウンターで学級が変わる　中学校編』（1996, 図書文化社, pp.112-114）を参考に改変。

4. 内容と進め方　　計75分

❶わくわく宇宙船どきどき月旅行のゲームの説明（15分）

　NASAの『月での遭難』の問題について，グループで話し合って，15個の荷物の中から生き残るために必要な荷物5個を重要度順に決めて回答する活動を行うと教示する。

1）状況の説明を聞く

　「今日は，みなさんとわくわく宇宙船に乗って月旅行をします。地球を飛び出して，ついに月に降り立ったのですが，困ったことに遭難してしまいました。生き残るために，どんな荷物を持っていけばいいのでしょうか」と司会者が臨場感をもたせて説明する。

2）デモンストレーションを見て「話すときのコツ」を学習する（10分）

　「ここに，昔同じように，月で遭難してしまったドラえもん船のメンバーのビデオがあります。どの荷物を持っていくかを話し合っているようです。ちょっと，ビデオを見てみましょう」と司会者が言って，ビデオの中の映像に見立てたスタッフ4人によるデモンストレーションを見せながら，話すときのコツを説明する。

```
◆話すときのコツ（話し合いの場合）
 1. みんなにむかって話す
 2. みんなに聞こえやすい声で話す
 3. はっきりと話す
```

　（登場人物）のび太，ジャイアン，出来杉くん，しずかちゃん

【デモンストレーション1】

　出来杉くんがしずかちゃんだけにしか話さない場合

　ジャイアン：（皆にむかって）「おい，どうするんだよー。何を持っていけばいいんだよー」

　出来杉：（しずかちゃんだけに話しかける）「僕は，やっぱり宇宙食がいると思うな。君はどう思う？」

　しずか：「うーん。そうねぇ……」

　ジャイアン：「おい！　2人で何話してるんだよ！　聞こえないぞー！」

　※ここで司会者がビデオを止めるしぐさをして「今の出来杉くんの話し方はどうだった？」と子どもに聞く。話すときのコツの1つ目，「みんなにむかって話す」を，黒板に提示して，みんなにむかって話さないと自分が考えていることがみんなに伝わらないことを説明する。

【デモンストレーション2】

　しずかちゃんの声が小さくてみんなに聞こえない場合

　ジャイアン：「うーん，オレは何がいるかよくわかんねぇ！　しずかちゃんはどう思う？」

　しずか：（小さい声で）「私は，酸素ボンベがほしいわ」

　ジャイアン：「え？　何だって？」

　しずか：「さん，そ…ボン…ベ……」

　※同じように司会者が「今のしずかちゃんの話し方はどうだった？」と子どもに聞いて，「みんなに聞こえやすい声で話す」というコツを提示する。

【デモンストレーション3】

　のび太がモジモジと話していて，意見がよく伝わらない場合

ジャイアン:「おい,のび太,どう思う?」
のび太:「え,ぼ,ぼくは〜えっとー。酸素…いや,うんと,ロープもいると思うけ…ど…でも,おなかもすく,し…うーん……」
ジャイアン:「おい,結局,何がいるんだよ!?」
※同じように司会者が「今ののび太くんの話し方はどうだった?」と子どもに聞いて,「はっきり話す」というコツを提示する。

3)「聞くときのコツ」を学習する

聞くときのコツを提示して確認する。

> ◆聞くときのコツ
> 1. 話す人のほうに顔と体をむけて聞く
> 2. よそ見やよそごとをせずに聞く
> 3. うなずいたり,あいづちをうったりする
> 4. 最後まで聞く

※時間に余裕があるときは,聞くときのコツの説明でも,話すときのコツの説明と同様にデモンストレーションを行い,丁寧に説明するとよい。反対に時間が少ないときや,第2章の「話し方・聞き方」を学習して間もない時期ならば,聞くときのコツ同様,話すときのコツの説明を簡単にすませてもよい。

❷わくわく宇宙船どきどき月旅行ゲーム(40分)

NASAの「月での遭難」の問題について,ヒントをもとにグループで話し合い,解決していく。正解がある課題であるため,正解をめざして取り組むよう促す。
(登場人物)なぞの宇宙人

1)「月でのそうなんシート」と「指示書」を配り,ゲームを始める

各グループに「月でのそうなんシート」(7-11)と「なぞの宇宙人からの指示」シート(7-13)を配る。

2) ヒントを参考に話し合い,グループの回答を決める

(1)「なぞの宇宙人からの指示」シートを司会者が全体に向かって読み上げてから,使い方を知りたい荷物3個をグループで話し合って決め,「なぞの宇宙人からの指示」シートに記入する。

(2) グループの中で誕生日が4月1日以降で一番早い人が,「なぞの宇宙人からの指示」シートをなぞの宇宙人のところに持っていく。なぞの宇宙人はヒントカード(7-14)を用意して子どもが来るのを待ち,子どもが来たら「話す  ときのコツを3つ言ってください」または,「聞くときのコツを4つ言ってください」と指示する。子どもはこの指示に答えられると,ヒントカード(7-14)のうち自分のほしい3枚をなぞの宇宙人からもらえる。答えられない場合は,いったんグループに戻って,話すとき(もしくは,聞くとき)のコツを覚え直してからなぞの宇宙人のところにもう1度行く。

(3) ヒントカードを参考にグループで話し合い,必要な荷物を重要度順に5個決めその理由を考える。

3) グループの回答を発表し,答え合わせをする

グループごとに,選んだ5個の荷物とその重要度順を理由も添えて発表する。その後,「月でのそう

なんの答え（7-12）」を全員に配付し，司会者は正解とその理由を説明する。

❸シェアリングとまとめ（20分）

1) **シェアリングする**

話し合いのコツの中で難しかったことや上手に話し合いができた人について，「話し合いのコツチェックシート（7-15）」にそってグループでシェアリングを行う。

2) **グループごとに全体に発表する**

グループでの意見を全体に発表する。

3) **まとめをする**

> ＜まとめの例＞
> 　生き残るために5つの荷物を選ぶことは，ちょっとむずかしかったですね。でも，ヒントを集めて，みんなで意見を出し合ったり聞き合ったりしてグループの意見としてまとめました。ひとりではむずかしいことでも人の話を聞いてわかることもあるし，自分が話すことで，それでいいんだと確信したり，ちがう考えもあるんだと気がつくこともあります。このときに「気持ちよく話し合える」ことが解決していくために大事なことです。これからも上手に話し合えるように，話すときのコツや聞くときのコツを覚えておいてください。

4) **わくわくトライの説明を聞く**

家族や友だちにわくわく宇宙船どきどき月旅行ゲームをしてもらい，話すときのコツと聞くときのコツができているかどうかを確かめて「話すとき・聞くときのコツはできているかな？〜月でのそうなん〜」シート（7-16）に記入するよう伝える。

 ココがポイント！

> 　このゲームも，ヒントカードから荷物の用途や必要性の情報を得て推理していきますが，科学的知識や状況判断が求められますので，いっそううまく話し合うことが必要です。しかし，話し合うときの態度に気をつけながら進めていっても，どうしても意見が合わない場合もあります。こういうときに，どうしたら相手を説得できるだろうかと話し方を工夫して相手に一生懸命伝えようとしますし，また相手が主張し続ける場合はその理由を理解しようとしてよく聞こうとします。このような葛藤体験の中で，話すときのコツや聞くときのコツを意識して話し合いを成立させ，あきらめずに意見をまとめることを通して，話し合いの態度を育てます。スタッフは，指示的な助言をするのではなく，話し合いが子ども同士でうまく進むようにサポートします。
> 　さらに，答え合わせのときに，グループによって選んだ荷物がちがってくるでしょうから，だれもが，それぞれのグループの意見や正解に興味を持って集中して「聞く」でしょう。そして，自分のグループが正解でなかったとしても，また，話し合いの過程で意見が対立したとしても，話し合いが十分にできていたのなら，しっかりと話し合えてよかったという満足感を残すことができます。スタッフは，答えが正しかったかどうかよりも，話し合いが温かいものであったと子どもに受け止められるように声をかけていきます。

7-11 「月でのそうなん」シート

☆月でのそうなん☆

宇宙船の機械が故障して，目的地から100km離れたところに着陸してしまいました。

このままでは全員死んでしまいますが，目的地に着けば生き残ることができます。しかし，目的地まで持っていける荷物は，下の15個のもののうち，5つだけです。

> この中から，あなたたち6人の乗組員が，目的地にたどり着くために必要なものを重要な順に5つ選んでください。
>
> ・マッチの入った袋　　・月から見た星座図
> ・宇宙食　　　　　　　・救命ボート
> ・ロープ　　　　　　　・方位磁石
> ・じょうぶな布　　　　・水
> ・暖房機　　　　　　　・懐中電灯
> ・ピストル　　　　　　・救急箱
> ・粉ミルク　　　　　　・無線機
> ・酸素入りボンベ

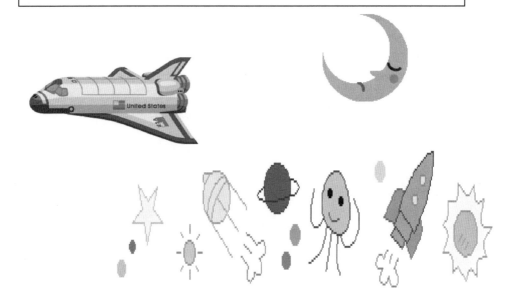

7-12 「月でのそうなんの答え」

月でのそうなんの答え

1. 酸素入りボンベ → 月には空気がありません。だから，酸素がないと，息ができません。

2. 水 → 水がないと，長く生きられません。
   宇宙服を着ていると汗をかくので，水分をとらないといけないのです。

3. 月から見た星座図 → 星の場所を見て，行く方向を決めるために使えます。

4. 宇宙食 → 人間は食べ物がなくても，数日間なら生きていくことができますが，食べ物を食べると元気がでます。

5. 無線機 → 連絡用に必要です。

6. ロープ → 地面がでこぼこだったり，危ないところを通るために使います。

7. 救急箱 → ケガや病気のときに使えます。

8. じょうぶな布 → 荷物の持ち運びや日よけなどに使えます。

9. 救命ボート → 荷物を運ぶのに役立ちます。

10. 懐中電灯 → 合図に使います。でも，光がとどくところ同士でないと使えません。

11. ピストル → 月を歩くために何か役に立つかもしれません。

12. 粉ミルク → これをのむためには，まず水が必要です。

13. 暖房機 → 月は，明るいところにいるととても暑いのです。

14. 方位磁石 → 月の上では地球とは磁力やその方向がちがうので，使えません。

15. マッチの入った袋 → 月では，酸素がないので物を燃やせません。

なぞの宇宙人からの指示

 15個の荷物の中で，3個だけ，その使い方を教えてあげよう。

グループで，3個の荷物を決めたら下に書いて，誕生日が（4月1日よりあとで）一番はやい人が，なぞの宇宙人のところへ来てくれ。

なぞの宇宙人が出す問題に答えられたら，荷物の使い方が書いてある「ヒントカード」を3枚あげよう。

＜使い方を聞きたい3個の荷物を書こう。＞

・_____

・_____

・_____

7-14 ヒントカード

酸素入りボンベ 月には空気がありません。だから，酸素がないと，息ができません。	ロープ 地面がでこぼこだったり，危ないところを通るために使います。
水 水がないと，長く生きられません。宇宙服を着ていると汗をかくので，水分をとらないといけないのです。	救急箱 ケガや病気のときに使えます。
月から見た星座図 星の場所を見て，行く方向を決めるために使えます。	じょうぶな布 荷物の持ち運びや日よけなどに使えます。
宇宙食 人間は食べ物がなくても，数日間なら生きていくことができますが，食べ物を食べると元気がでます。	救命ボート 荷物を運ぶのに役立ちます。
無線機 連絡用に必要です。	懐中電灯 合図に使います。でも，光がとどくところ同士でないと使えません。
ピストル 月を歩くために何か役に立つかもしれません。	暖房機 月は，明るいところにいるととても暑いのです。
粉ミルク これをのむためには，まず水が必要です。	方位磁石 月の上では地球とは磁力やその方向がちがうので，使えません。
マッチの入った袋 月では，酸素がないので物を燃やせません。	

↑ 枠となっている線で切り離し
← 小さなカードにする。

7-15 話し合いのコツチェックシート

<わくわく宇宙船どきどき月旅行>

話し合いのコツ☆チェックシート

①「話すときのコツ」の中で、むずかしかったコツはどれかな？

②グループの中でだれが上手(じょうず)に話せていたかな？

☆　その人は、どんなところが、うまく話せていた？

③「聞くときのコツ」の中で、むずかしかったコツはどれかな？

④グループの中でだれが上手(じょうず)にみんなの話を聞けていたかな？

☆　その人は、どんなところがうまく聞けていた？

7-16 「話すときのコツ・聞くときのコツはできているかな？〜月でのそうなん〜」シート

話すときのコツ・聞くときのコツはできているかな？
〜月でのそうなん〜

名前 ＿＿＿＿＿＿＿＿＿＿＿＿＿

・家族や友だちに，今回の『月でのそうなん』の問題について，どの荷物が必要なのかを話し合ってもらおう。みんなは，それを観察（かんさつ）して，話すときのコツと聞くときのコツができているか，○をつけてね（最後に答えも教えてあげてね）。

話すときのコツ／聞くときのコツ＼話し合ってくれた人					
☆　みんなにむかって話す					
☆　みんなに聞こえやすい声で話す					
☆　はっきりと話す					
☆　話す人のほうに顔と体をむけて聞く					
☆　よそ見やよそごとをせずに聞く					
☆　うなずいたり，あいづちをうったりする					
☆　最後まで聞く					

話し合いの結果，持っていくことになった5つの物に○をつけよう。

- ☐ マッチの入った袋（ふくろ）
- ☐ 宇宙食
- ☐ ロープ
- ☐ 丈夫（じょうぶ）な布
- ☐ 暖房機（だんぼうき）
- ☐ ピストル
- ☐ 粉（こな）ミルク
- ☐ 酸素（さんそ）入りボンベ

- ☐ 月から見た星座図（せいざず）
- ☐ 救命（きゅうめい）ボート
- ☐ 方位磁石（ほういじしゃく）
- ☐ 水
- ☐ 懐中電灯（かいちゅうでんとう）
- ☐ 救急箱（きゅうきゅうばこ）
- ☐ 無線機（むせんき）

「第 7 章　集団での問題解決」で勉強したコミュニケーションのコツ
　◆　話すときのコツ（話し合いの場合）
　　1．みんなにむかって話す
　　2．みんなに聞こえやすい声で話す
　　3．はっきりと話す

　◆　聞くときのコツ
　　1．話す人のほうに顔と体をむけて聞く
　　2．よそ見やよそごとをせずに聞く
　　3．うなずいたり，あいづちをうったりする
　　4．最後まで聞く

第8章
締めくくりの活動

　この本では，第1章から第7章まで多様な角度からコミュニケーション能力を育成できるような活動を紹介してきました。どんどん複雑化する社会へと巣立っていく子どもには，これらのコミュニケーションスキルをいずれもバランスよく身につけてほしいものです。また，どのコミュニケーションスキルも独立しているのではなく，相互に関連し合っているものです。そのため，私たちの実践では，1つの学期（3～4ヶ月）内に複数回の活動日を設け，この期間に複数の活動を組み合わせて一連のコミュニケーション力を鍛える活動を実施しています。本章では，これら一連の活動の最後を締めくくるのに有用な活動を紹介します。

いろいろな活動をふりかえることでスキルはさらに身につく

　さて，みなさんは何らかの学習をした後，学んだことを復習していますか。学習したことを本当に自分のものにして活用したいのであれば，習得できているかどうかを確かめるための復習が必要です。コミュニケーションの学習も同様です。この本でも，たくさんのコミュニケーションのポイントやコツを紹介してきました。しかし，それらを思い出してみようとしてもなかなか思い出せないものです。また，活動直後はどんなにコツを意識していても，だんだんとその意識は薄れていってしまいます。このようなことを防ぐためにも，学習したことをふりかえるという作業が必要です。

　ここでは，一連の活動を楽しくふりかえり，学んだコミュニケーションスキルを確認するために，学期の最終回などに実施すると教育効果がアップすると期待される活動例を紹介します。

　8-①「わくわく思い出クイズ」
　これまでの活動で行ってきたことをクイズにし，楽しみながら活動をふりかえります。

肯定的なメッセージを受け取る喜びから生まれる自信，自己効力感

　活動をいろいろと行っていく中で，子どもはどんどん学習し成長していきます。例えば，あいさつすることさえ恥ずかしがっていたような子が，手をあげて自分の意見を述べることができるようになったり，いつも落ち着かない子が自分の落ち着かなさをコントロールして発言の順番を守るようになったり……。個人差はもちろんありますが，活動のはじめとおわりで比べると確実に何かを

習得しているのです。しかし，それに本人が気づいていない場合もしばしばあります。そんなときは，周囲の人たちが成長したことを率直に本人に伝えると，自分の成長に気づくことができます。また，それに気づくことによって，その子どもの自信，自己効力感も育ちます。

そこで，周囲の人に肯定的なメッセージを送ったり，他者からメッセージを受け取ったりする活動を2つ紹介します。こちらの2つの活動は一連の活動の締めくくりとして，最後の回に実施します。

8-②「別れの花束」
なかまに対する肯定的なメッセージを花形のカードに書き，それを集めて花束にして，贈り合います。

8-③「修了証」
スタッフからの肯定的なメッセージが書かれた修了証をなかまの前で受け取ります。

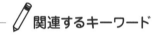

関連するキーワード

ふりかえり，復習，肯定的なメッセージ，般化

● こんな子どもに……
・自信がない子ども
・学んだことがなかなか定着しない子ども

● こんな効果！
・自分のできたところに気づき，自信がつく
・くりかえしによって身につく

第 8 章　締めくくりの活動　141

活動例 8-①

わくわく思い出クイズ

■ 1. この活動のねらい

活動の区切りの回として，今までの活動で学んできたことをコミュニケーションスキルを使って楽しくふりかえり，スキルの般化を促すとともに，交流を一層深めます。

■ 2. 準備するもの

活動	区分	準備物	サイズ	数	番号
わくわく思い出クイズ	全体	これまでの活動風景を記録した写真をスライドにしたもの		適量	
		パソコン，プロジェクター，スクリーンなど		各1つ	

■ 3. 内容と進め方

今までの活動をまとめたスライドをスクリーンに映し出すことで子どもに活動を思い出させながら，それぞれの活動で学習してほしかったこと（話すときのコツや聞くときのコツなど）をクイズにして出題し，子どもが回答するゲームを行う。司会者が，クイズの出題をし，子どもの回答に合わせてスライドを操作する。グループ対抗ゲームという形を取るが，グループで正解数を競わせるのが目的ではないため，どのグループもクイズの全問に参加できるようにし，子ども全員がふりかえる機会を持てるようにする。以下に出題例を示す。

出題例

【質問1】あいさつのコツは何でしょう？（第1章より）
（解答）①相手を見て言う，②はっきり言う，③心をこめて言う，④ちょうどいい大きさの声で言う
※グループで1つずつ答えるとしても OK

【質問2】気持ちをあらわす言葉を3つ言ってね。
（第4章より）
（解答例）うれしい，くやしい，悲しいなど
※全てのグループが答えることができるように

【質問3】「みんなで森をつくろう」でグループで
作った森のタイトルは何でしょう？（第6章より）
※自分のグループが作成した森につけたタイトル
　を答える

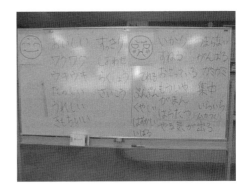

活動例 8-②

別れの花束[1]

■ 1. この活動のねらい

なかまの長所に注目し，それを言語化して伝えることを通して他者に対する肯定的な感情を育てるとともに，なかまから肯定的なメッセージを受け取ることで，他者から受け入れられている喜びを味わう。

■ 2. 準備するもの

活動	区分	準備物	サイズ	数	番号
別れの花束	全体	スタッフへの別れの花束（別れの花束シート（8-1）を拡大したもの）	模造紙	1枚	
	個人	別れの花束シート（花束の束の部分が書かれている）	B5	1枚	8-1
		花びらカード（色画用紙を花形に切り抜いたもの）	5cm × 5cm くらい	送る相手の数だけ	メッセージの例参照

■ 3. 内容と進め方

1) グループのなかまへの花束の作成

　まず，グループのなかまとスタッフへの「ありがとう」「ほめてあげたいこと」「よいところ」などのメッセージを花びらカードへ記入し，書いた相手の花束用紙に貼る。スタッフから子どもへ向けたメッセージも貼る。こうしてできた友だちやスタッフからの肯定的なメッセージが詰まった花束を本人へ贈る。

2) スタッフへの花束の作成

　スタッフへのメッセージは，1) と同じ花びらカードに子ども全員が書いて，模造紙大の花束用紙に貼る。

花びらカードとメッセージの例

---

1) 國分康孝（監修）『エンカウンターで学級が変わる　小学校編』（1996, 図書文化社, pp.178-179）を参考に改変。

8-1 「別れの花束」シート

月　日

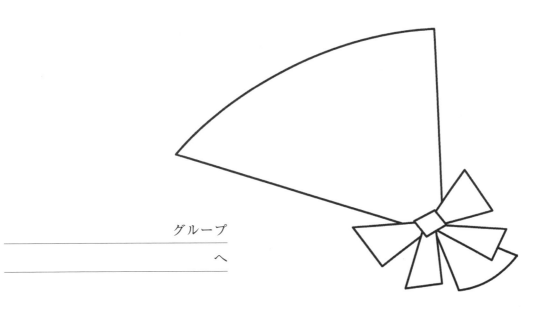

　　　　　　　　　　グループ
　　　　　　　　　　へ

活動例 8-③

修了証

■ 1. この活動のねらい

　スタッフからの肯定的なメッセージをグループのなかまの前で受けることによって，自分の良いところを認められて自信をつけます。さらに他の子どもたちへの肯定的なメッセージを聞くことによって，なかまそれぞれの良いところにも気がつき，温かな人間関係をみんなで実感しながら1年間の活動の最後を迎えます。

■ 2. 準備するもの

活動	区分	準備物	サイズ	数	番号
修了証	個人	修了証（事前にスタッフから子どもにあてたメッセージを書き込んでおくこと）	B5	1枚	8-2

■ 3. 内容と進め方

　肯定的なメッセージが書かれた修了証を，グループごとにスタッフが一人ひとりに読み上げて渡す。これは，子どもの長所を文字にして伝え，いっしょに活動してきたなかまの長所を確認し合うとともに，最後まで活動に参加できた喜びをみんなで分かち合う儀式として行う。

 ココがポイント！

　「わくわく思い出クイズ」は，活動をふりかえるためのスライド作りが少し面倒かもしれませんが，子どもが学習したことが身についているかどうかを評価できる（第10章参考）絶好の機会になります。もし，子どもがスムーズに解答できれば，そのコミュニケーションスキルは子どもにとって理解しやすく，また活動自体もよいものであったと言えます。一方，子どもがなかなか解答できない場合，理解しにくかったと考えられるため活動の中身について改善を考える必要があるでしょう。
　また，正答が複数となるクイズにして，全てのグループに回答させ，多くの子どもが理解しているかどうかを確認することができます。
　「別れの花束」や「修了証」は，なかまやスタッフからほめられたり，よいところを伝えてもらうことで，自分の成長が具体的にわかりますし，自分のコミュニケーションに対する自信にもつながります。
　さらに，「別れの花束」では，グループのなかまへ，よいところやほめてあげたいところについてのメッセージを送ります。普段思っていても照れくさくてなかなか言えなくても，このようにメッセージカードに書くことで素直に伝えることができます。

8-2 修了証

第9章
ウォーミングアップ集

 ウォーミングアップの意義

　第1章から第8章まで，その章の目的にあった様々な活動を紹介してきましたが，このような活動を行う際には，いきなり活動に入るよりも，ウォーミングアップとして簡単なゲームをして気持ちや体をほぐしておく方が，その後の活動に入りやすくなります。また，簡単なゲームを通じて子ども同士が互いの心を開いていくというアイスブレーキングの効果もあります。そのため，活動を行う際には，必ず初めにウォーミングアップを取り入れることが望ましいといえます。この章では，ウォーミングアップのゲームをいくつか紹介します。いずれも，5分から15分でできる簡単なゲームばかりです。ここにあげたゲームの他にも，リズムに乗って人を指名していくゲームや，相手が考えていることを推理して当てるというゲーム，子どもたちに人気のあるテレビ番組で行われているゲーム，イントロ当てクイズなどのゲームを行ってもよいでしょう。さらに，第4章で紹介したジェスチャーゲームなどをウォーミングアップとして活用することも可能です。

　また，ここで紹介するゲームを活動の最後に行うと，メインの活動のクールダウン効果があります。それによって，子どもの気持ちを楽しいものに引き立てながら，その日の活動を終えることができます。

関連するキーワード

ウォーミングアップ，アイスブレーキング，クールダウン

活動例 9-①

えんぴつゲーム

■ この活動のねらい

2人1組になって鉛筆を落とさないように気をつけながらいろいろな動きをするゲームです。どちらの端も削っていない新品の鉛筆の先と先を，人差し指のみで支えて動きます。2人のうち，どちらが押してどちらがついていくかについては打ち合わせをせず，互いに相手の動きを感じ取って動きます。自分の動きと相手の動きを鉛筆を通して感じ合うことで，コミュニケーションの基本である，他者の視点に立って考え，行動することの重要性に暗に気づかせるねらいもあります。

えんぴつゲーム❶「えんぴつゲーム」（5〜10分）

［形態］2人1組
［準備するもの］先を削っていない鉛筆（2人に1本）
［内容と進め方］

1) 子ども同士で2人組を作り，それぞれの2人組に1本ずつ鉛筆を配る。
2) 2人組が互いの人差し指を鉛筆の両端に当てて支え合う。
3) 司会者の「スタート」の合図で，2人組は鉛筆を支えている方の手を動かす。

4) 2〜3分の制限時間内に，鉛筆をできるだけ大きく動かす中で，鉛筆を落とした組はその場で座る。より長く鉛筆を支えることができた組を勝ちとする。

※鉛筆が落ちることを怖がって，大きな動きができない子どももいるため，司会者が，動き方を指示するとよい。たとえば，「大きな丸（三角，四角）を書いてみよう」「両手をバンザイしてみよう」「しゃがんでみよう」「ジャンプしてみよう」「走ってみよう」など。

えんぴつゲーム❷「えんぴつの輪」（5〜10分）

［形態］グループ
［準備するもの］先を削っていない鉛筆（グループの人数分）
［内容と進め方］

5〜6人グループで輪になり，手をつなぐ代わりに隣り合った2人がそれぞれの右手と左手の人差し指同士で鉛筆を支える。そして，飛んだりしゃがんだりいろいろな動きをしてえんぴつを落とさないようにする。グループ対抗で，えんぴつを落とさないでジャンプする回数を競うのも楽しい。

また，活動の参加メンバー全体（20〜30人）で輪を作って，いろいろと動いてみてもよい。これらは，2人組でのえんぴつゲームに慣れた後に，多人数バージョンとして楽しむことができる。

活動例 9-②

じゃんけんゲームいろいろ

■ この活動のねらい

　じゃんけんを使ったゲームは，準備するものがほとんどなく，簡単で，勝敗がはっきりしているため，子どもたちにとってわかりやすく，すぐに盛り上がることができるゲームです。じゃんけんにバリエーションを持たせることで，子どもの興味をいっそう引き出すことができます。ここでは，じゃんけんを使った3つのゲームを紹介します。

じゃんけんゲーム❶「からだじゃんけん」（5～10分）

［形態］司会者と各個人が対抗
［準備するもの］なし
［内容と進め方］

　からだ全体で「グー」「チョキ」「パー」を表現してじゃんけんする。「グー」はしゃがんで両手でひざを抱える。「チョキ」は足を前後に開き，両手の指でをチョキの形にして両腕を「Vの字」に頭上に斜め上にあげる。「パー」は両手の手の平を開いて頭上にあげ，足を左右に開く。「グー」「チョキ」「パー」の動作を練習したあと，司会者とじゃんけんを数回行い，司会者に全て勝った人が勝ちとなる。

　このゲームは，グループに関係なく，準備も不要で，どこでもすぐに全体で行うことができるため，覚えておくと便利である。

じゃんけんゲーム❷「じゃんけんボーリング」（10～15分）

［形態］グループ対抗
［準備するもの］なし
［内容と進め方］

　活動に参加している子どもたちを先攻と後攻の2つのグループに分けて行うグループ対抗型ゲームである。まず，先攻のボール役は攻める側，後攻のピン役は守る側となり，ボール役の子どもがじゃんけんに勝つことでピン役を倒していき，制限時間内にどれだけ勝ち抜けられたかを競うゲームである。

　1）ピン役（10人）はボーリングのピンの配置とは逆に，1列目に4人，2列目に3人，3列目に2人，4列目に1人という配置に並ぶ。ピン役は場所を移動することなく，自分のところに来たボール役とじゃんけんをする。

2) ボール役は，1列目の4人のピン役から相手をひとり選んでじゃんけんする。

勝った場合は次の列に進み，3人の中から1人相手を選んでじゃんけんをする。負けた場合はスタート地点に戻って1列目からじゃんけんをやり直す。

3) 1列目，2列目，3列目，4列目と最後まで全て勝ち続けることができた子どもはストライクとなり，ストライクコーナーに移って他の仲間の応援をする。

4) 制限時間内にストライクできた人数を数え，ボール役とピン役が交代する。

5) 何人がストライクを出せるかを2つのグループで競うため，両グループの攻撃が終わった時点で，ストライクの数を比べ，勝敗を決める。

なお，1チームの人数が10人にならない場合は，ピン役の各列の人数を調節することで実施できる。

じゃんけんゲーム❸「おりがみじゃんけん」（10分）

[形態] グループ対抗
[準備するもの] おりがみの作品 各グループ約20個
※おりがみでなくても可。輪ゴムなどを利用してもよい。
[内容と進め方]

1) それぞれのグループをひとつの会社と見立ててグループの中で，社長，副社長，部長，次長，課長などの役割を決める。

2) それぞれの会社の資産のかわりとして「おりがみ」の作品を20個ずつ配る。

3) 司会者が，各会社の役職者を前に呼び出す。そのときに持ってくる「おりがみ（資産）」の個数を指定する。

例：司会者「各グループの社長さんは，おりがみを2つ持って前に出てきてください」と教示する。

4) 呼ばれた役職者は，指定された数の「おりがみ（資産）」を持って前に出て，全員でじゃんけんをする。1番勝った会社が，他の会社の「おりがみ（資産）」を全部もらうことができる。

例：グループ（＝会社）が4つあれば，4人の社長が前に集合してじゃんけんをすることになる。じゃんけんに勝った社長だけが，自分のものも含めて合計8つの「おりがみ（資産）」（社長4人×おりがみ2つ）を自分の会社に持ち帰ることになる。

5) 他の役職者も同じように司会者に呼ばれ，3），4) を行う。

例：司会者「副社長と部長は，おりがみを6つ持ってきてください」というように，役職者を数人組み合わせたり，持っていくおりがみ（資産）の数を変えてもよい。

6) 制限時間内で最後に一番たくさんのおりがみ（資産）を持っているグループ（会社）が優勝となる。

グループ活動がメインの活動となる場合のウォーミングアップとして，このようなグループ対抗のゲームを行うとメインの活動に入りやすい。

活動例 9-③

クイズのゲームいろいろ

■ この活動のねらい

　クイズ形式のゲームも，子どもがとても集中して取り組めるゲームです。ここで紹介するのは，特に，間違いを探したり，重なった声を聞き取ったり，正確に情報を伝えたりなど，子どもが人を注視することや，人に正確に情報を伝えようとすることに焦点化したゲームです。人のことを正確に捉えようとすることや，正確に伝えようとすることもまた，コミュニケーションの重要な側面であるため，クイズを楽しく解きながらコミュニケーションの周辺能力を鍛えます。ここではこのような特色を持つクイズのゲームを3つ紹介します。

クイズゲーム❶「わくわくまちがいさがし」（5〜10分）

　[形態] 全体，もしくはグループ対抗
　[準備するもの] なし
　[内容と進め方]
　新聞の娯楽欄などでよく見かける「絵のまちがいさがし」の実演版ともいえるものである。
　1) 出題者（活動スタッフ）5人が子どもの前に並ぶ。
　2) 子ども全員がこの5人を30秒間よく観察した後，出題者5人は室外へ出る（子どもたちから見えないところであればよい）。
　3) 出題者5人は，部屋を出る前とくらべてどこか3ヶ所をかえてから再び入室する。
　4) 子どもは部屋を出る前とはちがっているところ3ヶ所を当てていく。回答は，わかった子どもから挙手をして答えるというものでも，グループで相談して3ヶ所全てがわかったら回答するというものでもよい。
　※ここではスタッフを出題者としたが，ルールを理解したら希望する子どもたちに出題者をさせてもよい。まちがいの内容は，着ている服を取り替えることや，装飾品や身につけているものの位置を変えること，持っているものを変えること，ヘアスタイルを変えることなどであるが，変える部分は，基本的に正面から見える部分とし，その場ですぐ変更できるようなものにする。

クイズゲーム❷「しょうとくたいしゲーム」（5〜10分）

　[形態] グループ対抗
　[準備するもの] お題カード（クイズの答えとなる言葉が書かれているもの）　数枚
　[内容と進め方]
　このゲームは，聖徳太子は10人の人の話すことを一度に聞きわけることができたということから，聖徳太子のように，4文字の言葉を4人の出題者が一文字ずつ同時に発声するのを聞いて，その言葉を当てるゲームである。例えば，「あいさつ」という言葉がお題であれば，出題者の4人の，Aさんは「あ」，Bさんは「い」，Cさんは「さ」，Dさんは「つ」という言葉を同時に発し，回答者はそれを聞いて答えを当てる。ただし，出題者の並んでいる順に言葉の音を発することをあらかじめ子どもに伝えておく。
　1) 出題者4人が前に並び，司会者から提示されたお題カードにおける自分の言葉の音を司会者の合図で同時に発する。

 2）それを聞いてわかった子どもは、手をあげてその言葉を当てる。

 このゲームも，わくわくまちがいさがしと同様に，子どもたちが出題者になっても楽しめるゲームである。また，聞くことに集中させるゲームであるため，「上手な聞き方」の活動の前後に実施するのも効果的である。

クイズゲーム❸「伝言ゲーム」（10分）

［形態］ グループ対抗
［準備するもの］ お題カード（伝言する文が書かれている）：数枚，白紙のメモ用紙：グループの数
［内容と進め方］
 グループごとに縦一列に並んで，お題の文章を正確にすぐ後ろの人に伝えていくグループ対抗のゲームである。
 お題には少し長めの覚えにくい文を用意しておく（お題の例参照）。
 1）列の一番前の子どもが司会者のところにお題を見にいって，その文章を覚える。
 2）スタートの合図でお題を順に列の後ろの人に伝える。伝言の最中は，他の仲間がその伝言内容を聞こうとしたり，邪魔したりしないように注意する。
 3）列の最後の子どもは，用意されたメモ用紙に，伝言されたお題の文章を書きとめる。
 4）司会者は，そのメモされた文章が正しいかどうかを発表し，より正確に伝えることができていたグループを勝ちとする。

 メインの活動がグループ活動の場合には，その前のウォーミングアップとして，このようなグループ対抗のゲームを行うとメインの活動に入りやすい。

> ＜お題の例＞
> 　あるあたたかい土曜日，メリーさんとナンシーさんは，メリーさんのお母さんがつくってくれたおにぎりとお茶を持ってゆうえんちにいきました。ふたりでゴーカートに乗ってきょうそうをしたら，ナンシーさんが勝ちました。

活動例 9-④

その他のゲーム

前述のもの以外にも様々なゲームがありますので，以下に簡単に紹介します。どれも子どもたちに人気の高いゲームです。

その他のゲーム❶「しりとりばくだん」（5〜10分）

[形態] 全体
[準備するもの] ばくだんとなるもの（ぬいぐるみやボールなど），1つ。音楽をかけられる機器と音楽数曲（1曲が1〜2分の長さであればよい）。
[内容と進め方]
　みんなで輪になって椅子に座り，曲が流れている間に隣の人に順にしりとりをしていくと同時にばくだん（＝ぬいぐるみなど）もリレーしていくゲームである。このばくだんは，流れている音楽が終わると爆発するという設定なので，ばくだんが自分のところで爆発しないように，どんどんしりとりをしてばくだんを回す。そして，曲が止まったときに，ばくだんを持っていた子どもや，「ん」で終わる言葉を言ってしまった子どもが，罰ゲームを行う。罰ゲームで何を行うかについては，あらかじめ決めておく。「夏休みに楽しかった思い出」や「これからやってみたいこと」など自分に関する情報を紹介するような内容であるとその子どもについてみんなにより知ってもらうきっかけにもなる。

その他のゲーム❷「わくわくバスケット」（5〜10分）

[形態] 全体
[準備するもの] 椅子を円形に並べておく。椅子の数は，子どもの人数から1つ減らしておく。
[内容と進め方]
　みんなで輪になって椅子に座るところから始める。椅子の数は，参加する人数より1つ少なくしておく。最初はスタッフがオニとなるが，それ以降は椅子に座れなかった子どもがオニとなり，輪のまん中で，「今日あさごはんを食べた人」「ここへ来てあいさつをした人」「半袖のシャツを着ている人」などとお題を言い，それにあてはまる人が座っている席とは異なる席に移動する。フルーツバスケットと同じ要領で行うのであるが，このゲームではコミュニケーションに関するものを扱うように促す。そのため，スタッフもいっしょに輪に入って，オニになったときには「今朝家族にあいさつをした人」「司会者の話を上手に聞けた人」などとお題を出すとよい。「わくわくバスケット」とオニが言った場合は，全員が席を移動することにする。
　他に，「じゃんけんフルーツバスケット」というゲームもある。これは，オニになった子どもと，それ以外の全員とがじゃんけんして，あいこだった子どもが席を移動するというゲームである。「わくわくバスケット」よりも難易度は低いため，対象が低学年の場合にはこちらのゲームの方が行いやすい。

その他のゲーム❸「動きの足し算」（5〜10分）

[形態] 全体
[準備するもの] ふえ（司会者用），1つ。

［内容と進め方］
全員で輪になって，人の動きの真似を順に足していくゲームである。
1）ふえの音に合わせて最初の人が一つの動作をする。
例：最初の人が片腕をあげる
2）みんなでその動作をまねる。
例：全員が片腕をあげる
3）その動作で止まったまま，時計回りの順番で次の人が，前の人の動作に新しい動作を1つ加え，今度は加わった動作をみんなでまねをする。
例：次の子どもは，片腕をあげたまま，首を傾ける。残りの子どもはそれを見て，片腕をあげたまま，首を傾ける。
4）時計回りに順番に動作を1つずつ足していく。

足していく動作は，片腕をあげる，首を傾ける，など単純な動きだが，動作がふえるにつれて，バランスをとるのが難しくなる。このバランスを保ちながら，他の人の動きをよく見て動作を足していき，リズムがとぎれることなく，動きを足す人が一周するまで続けられたら成功である。

 ## ココがポイント！

　それぞれのウォーミングアップは，全体で行うもの，グループで行うもの，2人組で行うものと様々です。活動の時期（初期，中期，後期）や，当日のメインの活動とのつながりを考えて，適切なウォーミングアップを選ぶことをお勧めします。例えば，各活動期間の初回で，まだ関係ができていないときには，子ども同士でも簡単にできるえんぴつゲームは実施しやすいものです。また，グループ分けをして間もない時期や，その日のメインの活動がグループ活動であるときなどは，グループ内の子どもたちがより交流を深められるようにグループ対抗のゲームを選ぶのが望ましいでしょう。

　ここで紹介したウォーミングアップはほんの少しですが，基本的には気持ちと体をほぐすためのものですので，他にもウォーミングアップになりうるゲームはたくさんあるでしょう。どのようなゲームにしても，その時期やメインとなる活動にあったゲームを選ぶことがポイントです。

第10章
コミュニケーション力の評価
Performance Assessment を用いた評価の方法

1. コミュニケーション力を評価する意義とこれまでの評価方法の問題点

　本書では様々な活動例を紹介してきました。いずれも子どものコミュニケーション力を高めたいと願って作成した活動例です。そして，実際に活動を実践していく中で，子どものコミュニケーション力が高まっていると感じることがしばしばありました。例えば，「以前は話しかけてもうつむくだけだった子どもが，今は相手の方を向いて話すことができるようになった」ということや，「参加し始めたときは『話を聞いてほしい』という思いから自分の話ばかりするような子どもだったのに，活動期間が終わる頃には相手の話を聞いてから自分のことを話すようになった」ということなどがありました。このように，コミュニケーションを意識した活動に参加することによって，その子どものコミュニケーション力が変容したと感じられることがあります。しかし，これらは「以前できなかったことができるようになったと思える」とか「何が原因かわからないけど，できるようになった」といった主観的なものであり，どのような活動が子どものコミュニケーション力のどの部分を刺激し，どのように変化したのか，という詳細まで把握しているものではありません。子どものコミュニケーション力を高めることを目的とした活動である以上，その能力が本当に身についたかどうかを確かめることは極めて重要です。

　子どものコミュニケーション力がどのように身についたのかを確かめるには，それを評価すればよいのですが，従来の子どものコミュニケーション力の評価方法は，あらかじめ用意されたコミュニケーションに関する質問項目について子ども自身が回答する自己評価や，普段の子どもの行動の様子を教師が思い浮かべて評価点をつける他者評価などが中心でした。しかし，子どもの自己評価では，本当に子どもが自己の能力について客観的に回答できるのかという点が，また，教師による他者評価では，主観や先入観が入ってしまうなど，明確な基準によって冷静に観察できているかがあいまいであるという点が問題として指摘されてきました。つまり，従来の評価方法では，子どものコミュニケーション力が身についたということを正確に確認することが難しい状態でした。

2. コミュニケーション力を客観的にとらえる重要性

　子どものコミュニケーション力を育てるためには，まず，その子どもが現在身につけている能力を現実的な場面における行動から把握し，その能力のどんな部分を高めればよいのかというターゲット（目標）スキルを設定することが重要です。そして，それらを高めるような活動を実践した後に再び現実的な場

面における行動を観察することによって，ターゲットスキルを高められたのかということや，他のどのようなコミュニケーションスキルがどのように変化したのかということを客観的に捉えます。このような手続きを踏むことによって，コミュニケーションスキルにおける学習効果を具体的に知ることができ，その子どもにとって得意なスキルや苦手なスキルを把握することもできます。また，これらによってその活動がターゲットスキルを高めるために妥当であったかどうかが検証でき，彼らに対する今後の支援方針も明確になります。

ところで，このような評価を実現する一つの方法として，パフォーマンスアセスメント（Performance Assessment；以下 PA という略称を適宜用います）に基づく評価方法があります。

3. PA（Performance Assessment）という評価方法

■ PA（Performance Assessment）とは

PA（Performance Assessment）とは，例えばペーパーテストのように非現実的で文脈のない場面を想定したり，その人の断片的な能力を測定したりするのではなく，現実的で本物らしい場面の中で，能力をひとまとまりととらえて，その人自身の作品やふるまい（パフォーマンス）を直接に評価する方法のことです（松下，2007）。

PA では，①パフォーマンスを表出させるための課題（タスク：Task）と，②そのタスクを遂行することによって表出されるパフォーマンスを評価するための規準（ルーブリック：Rubric）という 2 つの道具を使います（図 10-1 参照）。

■ ①タスク（Task）とは

タスクとは，，評価の対象となる行動を，評価の対象となる人が現実的にパフォーマンスできるようデザインされた課題のことを言います。評価の対象となる人がそのタスク（課題）を行うことによって必然的に表出されるパフォーマンスについてのみ評価者は評価を行います。タスクは評価したいパフォーマンスが自然にあらわれるように設計をする必要があります。

■ ②ルーブリック（Rubric）とは

タスクの実施によって表出されるパフォーマンスを評価するために，ルーブリックとよばれる絶対評価のための評価規準表を用います。ルーブリックでは，縦軸に評価されるべき活動内容を列挙し，横軸にはそれぞれの活動の評価をするための評価視点と評価規準，そしてそれらをより具体化した判断基準を整理して並べます。ルーブリックでは，それぞれの判断基準（A レベル・B レベル・C レベル）にパフォーマンスの成功の度合いを示す点数（3 点・2 点・1 点）を与えて，合計点や単元の学習成果の総括的な点数を算出することも可能です。

■ ③ PA の特徴

PA の「タスク」と「ルーブリック」は，従来のコミュニケーション力の評価方法が感覚的であいまいだったというところを明確にすることができるとい

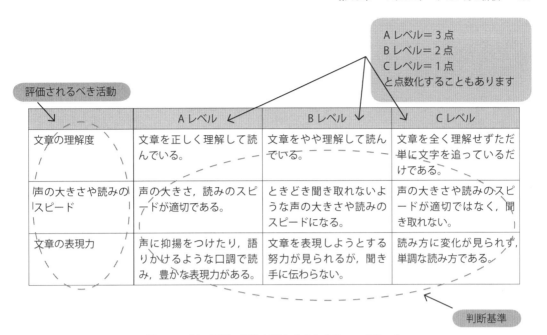

図 10-1　例：国語の朗読を評定するためのルーブリック

う特徴があります。

　例えば，PAでは，あるスキルの評価をする際に「友だちと会話をしてください」とか「〇〇さんに机を運ぶように頼んでください」というようなタスクを課すことで，実際に表出されるパフォーマンスを評価します。しかし，自己評価式の質問紙では，その評定が，子ども自身の「きっとできるだろう」といった推測や，「過去にできた経験がある」といった記憶によってなされます。また，他者評価による質問紙では，その子どものことをよく知る人間の「あの子ならきっとできるだろう」といった推測や，「あのときにできていた」といった日常的な観察での記憶に頼って評価がなされがちです。この点，PAでは，たとえそのタスクをこなすことができると本人が自信を持っていても，また過去に同じタスクをこなす経験を持っていたとしても，PAを行う際に課せられたタスクにおいてパフォーマンスをうまく表出できなければ，つまり，評価規準に見合う行動ができなければ「ターゲットスキルが身についていない」という評価となります。すなわち，推測や記憶に頼らない評価を行うことができるのです。

　また，PAは評価規準が具体的で明確です。あるパフォーマンスに対して，「できる」「ややできる」「あまりできない」「できない」という評価段階からあてはまるものを一つ選ぶという場合，その評価は評価する人の主観的な規準に頼りがちになります。例えば，図10-2のように，子どもが友だちと会話をするときに，「適切な大きさの声で話をした」のを観察して，ある人は「声の大きさは適切だったのでよい」と考えて，「できる」と評価するかもしれません。またある人は，「声の大きさは適切だったが，話をするときには他にも気をつけなければいけないことがある」と考えて，「ややできる」と評価するかもしれません。さらに他の人は，「話をするときには，聞き手の方に体を向けて，適切な大きさの声ではっきりと話さなくてはならない。一つでも欠けててはダメ」と考

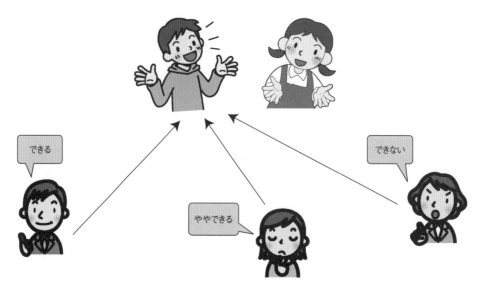

図 10-2　主観的な基準に基づく評価による評価の食い違い

えて,「できない」と評価するかもしれません。つまり,同じ行動を観察して評価したにもかかわらず,評価者によって評価規準が異なることで評価結果がバラバラになるということが起きてしまうのです。また,複数の評価者が同じように「ややできる」と評価していても,その評価を行うに至った評価規準がまるで異なっていたということもありえます。しかし,ルーブリックを用いることでこれらの問題に対処することができます。ルーブリックでは,単に「できる」とか「できない」だけではなく,「声の大きさが適切だが,最後まではっきり言えない」というように,規準が明確に記述されています。また,「下を向いている」とか「目配りがある」というように,よく見られる具体例や評定のポイントなども列挙されているため,あるパフォーマンスに対して適用される判断基準の段階が評価者によって異なるということが回避しやすくなります。

④ PA の開発と実施の流れ

図 10-3 に,PA の開発と実施の流れを図示しました。主な流れは,(1) タスクとルーブリックを作成し,(2) タスクを実施してパフォーマンスを表出させ,(3) そのパフォーマンスをルーブリックを用いて評定し,(4) 評定の問題点を検討し,問題点に基づいてタスクやルーブリックを修正するということを行います。さらに,修正したタスクを実施して修正したルーブリックで再評定し,問題点がなくなるまで修正を繰り返し,つまり (2) 〜 (4) を繰り返し,(5) ルーブリックとタスクを完成します。このように,PA(タスクとルーブリックによる評価)を開発するためには,修正と評定を繰り返して改善していくというサイクルを経ることが大切であると考えられています(西岡, 2002)。既存のルーブリックやタスクを用いる場合でも,自分たちのターゲットスキルや目標に合うように,また,評価対象となる子どもたちの発達段階や,人数,実施時間に合うようにタスクを修正し,ルーブリックを見直すという (2)〜(4) のサイクルを経ることが望ましいといえます。

さて,子どものコミュニケーション力をとらえるには,現実の社会的場面に

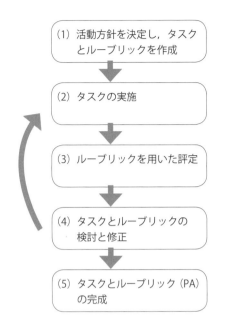

図 10-3　PA の開発と実施の流れ

おける課題に対して発揮されるコミュニケーション行動を直接観察し評価する方法が望ましいと考えられます。なぜなら、コミュニケーション力は、現実の社会的場面においてこそ発揮されるものだからです。また、コミュニケーション力はひとまとまりの能力と考えられるため、ある特定のコミュニケーション力だけを現実の社会的場面から抜き出して検討することがむずかしいものでもあるからです。

これらのことから、現実的で本物らしい場面を取りあげたタスク（パフォーマンス課題となるべき活動プログラム）を行い、そこで表出されたコミュニケーション行動について明確な評価規準が示されているルーブリックを用いて評価する PA という方法が、子どものコミュニケーション力を評価することに適していると考えられるのではないでしょうか。

4. 本活動で開発したルーブリック

本書で紹介してきた活動では、コミュニケーションにおける以下の 7 つのスキルに主眼を置いてきました。それは、会話の基本となる、自分の気持ちや意見を話すこと（話すスキル）、相手の話を聞くこと（聞くスキル）、会話のやりとりが適切で応答的であること（応答性スキル）、相手も自分も不快になることなく物事を頼んだり、相手の要求を断ったりすること（頼むスキル、断るスキル）、集団活動に積極的に協力すること（協力スキル）、集団内で折り合いをつけあって活動を進めること（調整スキル）の 7 つです。これらの 7 つのスキルについて、それぞれ 5 水準を設定し、各水準の説明、および具体例や評定のポイントを表にまとめました（表 10-1・10-2・10-3）。

5. 本活動で開発したタスク

　本章では，私たちの活動で実際に実施したタスクが含まれた活動例を1つ紹介します。また，活動例の後には，私たちの活動において実施したPAでの評価や分析の結果も記載してあります。これは，実際にPAを行う際の参考になると思います。

　なお，PAを行うためにはタスクを評価者全員が観察する必要があります。そのため，われわれはタスク場面をビデオカメラで撮影したものを後日にDVDにコピーし，それを評価者が視聴することによって観察するという方法をとっています。活動例の中には，ビデオ撮影のタイミングとその場面で評価するターゲットスキルが示してあります。

✎ 関連するキーワード

パフォーマンスアセスメント・パフォーマンス評価（Performance Assessment），自己評価，他者評価，タスク（Task），ルーブリック（Rubric）

第10章　コミュニケーション力の評価

表10-1　ルーブリックと評定のポイント・具体例

		1. 全く見られない Not yet	2. 初心者程度 Novice	3. まあまあ Apprentice	4. だいたいできている Proficient	5. 完璧 Distinguished
話すスキル	定義：話し合うとき、自分の意見や考えを聞き手に伝えようとしている。	自分の意見を言うという行動は全く見られない。	何らかの意見は言うが、聞き手には伝わっていない。適切な大きさで話せていない。	適切な大きさの声で意見を言うことができているが、最後までちゃんと話せていない。	適切な大きさの声で、はっきりと最後まで自分の意見を言うことができている。目配りはできていない。	適切な大きさの声ではっきりと最後まで自分の意見を言いつつ、目配りができている。
	ルーブリック評定のポイント・具体例		遠慮がち。小声。下を向いている。自信がなさそうに見える。もしくは、はっきりと伝わらない聞き取りにくい声。聞き手に聞き流される。	ちょうどいい大きさの声で語尾があいまい。最後までちゃんと言わない。最後まではっきりとはいうことができずに単語だけで終わる。	最後まではっきりと言う。話し方をはっきりと工夫している。はっきり聞こえやすい声で言う。聞き手に伝えようとしている。目配りの不足。	4までできた上で、さらに目配りをしながら、話をしたときに、あるいは話が終わったときなど、特定の人だけではなく何人かに目配りができている。
聞くスキル	定義：人の話を聞くときに積極的に聞いている。	人の話を聞く姿勢ができていない。聞いていない、聞いていると判断できない。	聞いている聞いていないかの姿勢以前に、よそ見をしていると判断できる。聞いていると判断できない。	聞いているようだと判断できるが、よそ見よそごとをしている（※1）をしている。	人が話をしているときによそ見やよそごとをせず、かつ話し手の方を見ている、かつ最後まで聞いている。	人が話をしているときによそ見やよそごとをせず、かつ話し手の方を見て、うなずいたりあいづちをうったり相手に反応しながら、話を最後まで聞いている。（話し手への質問は含まれる）。
	ルーブリック評定のポイント・具体例	その場についていない。聞こえていない、聞いてもその後の行動ができない（よそ見よそごとをしていても、聞いていることを聞いたとは判断できない場合も含まれる）。	話し手とは全く違う方を向いている、よそ見よそごとをしている（よそ見よそごとをしていても、聞いているようなNVC（※2）などは見られない、よそ見よそごとをしていない。相手が言い終わらないうちに発言してしまう。時々注意される。	聞く姿勢はできている。注意や反応が不足している。最後まで聞かずあいづちやNVC（※2）などは見られない。よそ見よそごとをしていない。相手が言い終わらないうちに発言してしまう。時々注意される。	よそ見よそごとをせず最後まで聞くことができる。あいづちやうなずきの不足。	積極的な傾聴。4までできた上でにうなずき・あいづち・質問などができている（～ですか？）といういかけられて返事をするときのうなずきは含まれない。

※1 よそ見よそごととは、活動やその場の文脈とは関係ないことを指し、手癖のようなもの（自然に髪や服に触ったり、ペンを持ったり離したりすること）は含まれない。
※2 NVC：Non-verbal communication, 非言語的コミュニケーション

| 協力スキル | 定義：（特に作業をする場面で）グループで協力することができる。 | 人の様子にお構いなしに、ひとりで行動している。 | 単独行動（グループ活動とは関係のないこと）をしている。グループを乱す行動、作業をしない。 | 消極的参加。言われたことしかとりあえずやる。スタッフや友だちに促されて参加する。自分の世界だけで作業をしている。 | 自主的にグループの活動に参加する。スタッフや友だちに合わせて作業を進める。友だちやスタッフと相談しながら作業をする（ちょっとした提案も含む）。相手の意見、役割の提案を聞いて従う。友だちやスタッフが活動しているのを見ながら行動する（無言で作業していても、ときどきスタッフや友だちの作業を確認しながら友だちと作業をする場合も含む）。 | グループ全体の状態を把握して、作業したり発言したりしている。 | グループ全体の状態を把握し、意欲的に協力しながら仲間にも協力を促し、手際よく進めることができる。 |
| | ルーブリック評定のポイント・具体例 | グループ全体ですべきことに参加しようとしている。 | 友だちやスタッフと一緒に何かしら作業をすることに参加しようとしている。 | | メモをとる。「ここどこする？」「わからない」など作業を進めるための発言や態度が見られる。相手を仕切ることはしない。 | 作業への提案、仲間への声かけをまし（「どこまでうまくいっているの？」「大丈夫？」などの声かけをする。なくても「どうしてみる？」などの提案や励まし。役割確認。「やってくれる？」「もうちょっとかいていい？」「ここはこうしようか」などの確認）。「時間がないから早くやろう」などどグループ全体への積極的な声かけ、作業の全体確認。リードする関わり。 |

表10-2 ルーブリックと評定のポイント・具体例（つづき）

定義		1. 全く見られない Not yet	2. 初心者程度 Novice	3. まあまあ Apprentice	4. だいたいできている Proficient	5. 完璧 Distinguished
集団で活動を進めていくときに、みんなが納得できるような働きかけができる。 【調整スキル】	ルーブリック	自分勝手に行動している。沈黙・妨害。活動を進めるような働きかけはしない。	問いかけ、まわりに任せる。スタッフに聞く。自分が主体となって進めるようなことはしない。	自分勝手ではない自分の意見や提案を言う。しかし、状況を進行させるような働きかけが足りない。	自分の意見や提案を言って、他のメンバーの意見を聞く。他の人の発言を受けて働きかけができる。	みんな（相手）が納得できるように意見や提案を出し、活動を進めるような働きかけができる。
	評定のポイント・具体例	活動が滞っていても気にしない。自己中心的。参加していない。意見を言いっぱなし。黙っている。	「どうする？」などまわりにやることを聞く。滞った活動の状況を動そうとすることは他のメンバーやスタッフに任かす。その後は他の発言するメンバーやスタッフが何かするまで待つ。	活動を進めようと自分から意見を言い出す。結果的にできなくとも、「～にしよう」と行動しようとする。（自分勝手ではない）言いっぱなし・意見や提案をするが、それ以上には進めない。	他のメンバーに気を配って進めた方がいい「～にしたらいいと思うけど、みんなはどうですか？」「～にしたらどうですか？」と自分の意見や提案を出してから他のメンバーの意見を聞くことができる。「△△さんが……と言っていたけど、それに賛成」というように、他のメンバーが言ったことに同意をしたり、自分の意見を加えたりすることができる。「～で決めませんか？」というような意見のまとめをすること（例えば、多数決やじゃんけんなど）ができる。	活動の進み具合を見ながら、互いを尊重するように意見を出し、みんなの意見をまとめることができる。
相手からの働きかけに適切に反応ができる。 【応答性スキル】	ルーブリック	働きかけに無反応。	反応はするが、文脈に合っていない。	ある程度適切な反応（文脈に合っている）が、適切でない。	相手からの働きかけに反応するが、やりとりが続かない。積極的ではない反応だが、論点はずれていない。意味に応じた反応をしようとしているが、十分でない。	相手の働きかけに適切な対応ができる。気持ちよいと感じられる反応をしている。相手の話の意味内容に応じて反応している。
	評定のポイント・具体例	他人に無関心。無反応。無視。気づかない、声をかけても反応がない。	あごだけ、うつむいて目を合わせない。ボソボソと相手にわかりにくい反応。求められていることとは違う反応。ちぐはぐな受け答え。文脈に関係なく「いや」と言う。	ぶっきらぼう。「別に」「あっ、そう」「わからん」「しらん」「だ」（ただし文脈には合っている）。	相手との話を継続させるような反応ではない。「いや」「いやだ」ときちんと意志は伝えるけど、会話は発展しない。「うん」「そうだな」「いいよ」など内容には応えず短く単語だけで言う。	話の流れに沿った受け答えができている。相手の意見を引き出すような質問、(※)での話しかけや言葉やNVCでの反応を見せ、相手に対して話を継続、発展させるようなやりとりをすることができる。

※ NVC：Non-verbal communication，非言語的コミュニケーション

表10-3 ルーブリックと評定のポイント・具体例（つづき）

		定義	1. Not yet 全く見られない	2. Novice 初心者程度	3. Apprentice まあまあ	4. Proficient だいたいできている	5. Distinguished 完璧
頼むスキル	ルーブリック	相手に頼みごとをしたいときに、相手に不快感を与えず、自分のしてほしいことをはっきりと伝えながら頼むことができる。	頼むという行動が見られない。	何か頼んでいるようだが、はっきりと言葉にして頼むことができない。	頼みごとを言うが、その理由を言ったり、かなえられたらどうなるのかを言うことができない。	理由をつけて頼みごとを言える。ただし、かなえられたらどうなるのかを言うことができない。	理由をつけて頼みごとを言い、またそれがかなえられたらどうなるかを言うことができる。
	評定のポイント・具体例		言葉に出して頼もうとしない。何も言わずにもらえる物を手に入れようとする。何も言わないのに、無理矢理カードを奪う。黙って文具をとる。理由カードを勝手にとり、物を勝手にとってしまう。	「ちょっとー！」「これいい？」「カード！」など（ひとことだけで）言葉をかけるが、頼みたいことを言葉にして言わない。「貸してよー」と言っていても、一方的である。	頼みごとを言葉（文章）で伝える。「カードをちょうだい（ください）」など。ただし、その理由を言ったり、かなえられたらどうなるかは言わない。	「ヒントを知りたいのでカードをちょうだい（ください）」などと理由をつけて頼む。ただし、かなえられたらどうなるかは言わない。	「ヒントを知りたいのでカードをちょうだい（ください）。そうすると、私たちはとても助かるから（助かりますよ）」など。頼み方のコツ（頼みごとを言う、理由をつけて言う、かなえられたらどうなるかを言う）が全てできている。
断るスキル	ルーブリック	相手の頼みごとを断るときに、断り方のコツに気をつけながら、言葉で上手に断ることができる。	無視、無反応、拒絶、拒否。「断り方のコツ」を使って断っていない。	断っているかどうかわからない。「いやっ」（拒否・拒絶）、「……」（無視、無反応）	4つの「断り方のコツ」のうち2つ使って断っている。	4つの「断り方のコツ」のうち3つ使って断ることができる。	4つの「断り方のコツ」を全て使って断ることができる。
	評定のポイント・具体例		無視、無反応、拒絶、拒否。「断り方のコツ」を使っていない。	「できない」「無理」（断る）、「～に頼んで」（理由）、「ごめん」（謝罪）のうち1つ。	「ごめんね、無理です」（断る＋謝罪）。「今は忙しいのでできません」（断る＋理由）。「できない、あとにして」（断る＋代案）。「忙しいので他の人に頼んで」（理由＋代案）。「ごめん、他の人に頼んで」（謝罪＋代案）。「ごめん、忙しいのでごめんね」（謝罪＋理由）。	「ごめん、今忙しいから他の人に頼んで」（謝罪＋理由＋代案）。「今は忙しいのでできません。他の人に頼んで」（断る＋理由＋代案）。「ごめん、今忙しいからできません。他の人に頼んで」（謝罪＋理由＋断る）。「ごめん、できない。他の人に頼んで」（謝罪＋断る＋代案）。	「ごめん、今～なのでできません（断る＋謝罪）。代わりに、～に頼んでください（代案＋理由）」

活動例 10-①

すごろくをつくって遊ぼう

■ 1. この活動のねらい

　提示される条件を満たすようなすごろくゲームをグループで作りますが、条件を満たすためには、みんなで相談して意見を調整し、協力しなければならないようになっています。そこで必然的に話し合いをすることになりますが、話し合いのコツに気をつけて話し合うことで、適切なコミュニケーションの心地よさを経験します。さらに、自分たちが作ったすごろくで実際に遊ぶことによって、楽しめる作品を工夫しながら作ったという達成感を味わい、グループ内の交流を深めます。すごろくで遊ぶときには、ゲーム中に誰もが必ず止まるという条件のお題マスで、頼むことや断ることを行う課題が与えられるので、頼み方や断り方のスキルのおさらいができます。また、自分たちの作ったすごろくだけでなく、他のグループが作ったすごろくで遊ぶことによって、その違いやよさに気づき、それを伝え合うことによって、互いの違いや長所を認め合う経験をします。

　この活動には、「話す・聞く・協力・調整・応答性・頼む・断る」の7つのターゲットスキルを評価するためのタスクが含まれています。これらのスキルを評価できる場面を本文中に示しましたので、参考にしてください。

■ 2. 活動の流れ

全：全体での活動　　グ：グループでの活動

❶ すごろくをつくろう
- 全　1) すごろくの作り方の説明を聞く
- 全　2)「話すときのコツ」「聞くときのコツ」を説明する
- グ　3) グループで、どんなすごろくにするのかを話し合う
  （テーマ、2つの自由マスお題、スタートとゴールのイメージ、背景の絵を決める）
- グ　4) すごろくを作る

35分

↓

❷ すごろくで遊ぼう
- 全　1) できあがったすごろくを発表する
- グ　2) 作ったすごろくで遊ぶ
- グ　3) 他のグループが作ったすごろくで遊ぶ

35分

↓

❸ シェアリングとまとめ
- グ　1) シェアリングする
- 全　2) グループごとに発表する
- 全　3) まとめをする
- 全　4) わくわくトライの説明を聞く

20分

3. 準備するもの

活動	区分	準備物	サイズ	数	番号
すごろくをつくろう	全体	すごろく見本（完成品）		1枚	
		マスの説明（模造紙：次ページ補足説明のとおりマスの各色が何を示すかを記す）		1枚	
		聞くときのコツ・話すときのコツの模造紙		各1枚	
	グループ	すごろくシート	B5	1枚	10-1
		すごろくの台紙（下記（注）を参照）	模造紙	1枚	
		色マス（※詳細は補足説明1）を参照）	折り紙の1/16	14枚	
		課題マス（金色）（※詳細は補足説明2）を参照）	折り紙の1/16	1枚	
		自由マス（※詳細は補足説明3）を参照）	B5の1/8	2枚	
		のり		1個	
	個人	マジックペン		1セット	
		すごろくのコマ	2cm×8cmの厚紙を2つ折り	1個	
すごろくで遊ぼう	グループ	サイコロ		1個	
		課題マスの上に貼る黄色マス（※詳細は補足説明1）を参照）	折り紙の1/16	1枚	
		課題カード（※詳細は補足説明2）を参照）	B5の1/8	子どもの数	10-2
わくわくトライ		「話すときのコツ，聞くときのコツはできているかな？」シート	B5	1枚	10-3
PA	グループ	ビデオカメラ		1台	
		三脚		1台	
		ガムテープ		適量	
		マイク		1本	
	個人	「わくコミ行動評定」シート	B5	1枚	10-4

補足説明は次ページ

（注）すごろくの台紙の下準備

すごろくを作りやすくするため，また遊びやすくするため，あらかじめ以下のような準備をしておく。

①模造紙に，スタート地点・ゴール地点，およびそれらをつなぐ線をマジックペンで書く。

②課題マスをその線の全長の前半1/3～1/4ぐらいの位置に貼る。

※課題マスにはPAに必要なタスクが書かれているため，全員が止まる必要がある。しかし，「スタートにもどる」といったマスがあるため，すごろく遊びに制限時間を設けて実施すると，時間内に課題マスまで達しない子どもが出る可能性がある。それを避けるために，スタートから近い位置に課題マスを設ける。

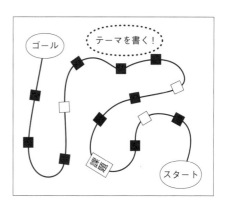

③色マスと自由マスを道に間隔をあけて配置して貼る。

※活動時間に余裕があれば，活動中に子どもが貼るようにしてもよい。

補足説明（マス・課題カードについて）

補足	マス・カード	色	条件	サイズ	数
1)	色マス	赤	1回休み	全て 折り紙の1/16	1枚
		青	3コマ進む		2枚
		緑	2コマもどる		1枚
		紫	スタートにもどる		1枚
		黄	何もなし（9枚中1枚は「すごろくで遊ぼう」で使う）		9枚
2)	課題マス	金	課題カードで課題が出される （サイコロの目の数にかかわらず，このマスを通るときには止まって，スタッフからもらう課題カードの指示に従う。ただし，スタートに戻るなどにより，2回目以降に通るときには全て無効となる）	折り紙の1/6	
	課題カード （10-2）		子どもの名前（頼み役1名・断り役1名）と「頼みごと」の課題を書いておく （頼むスキルと断るスキルを評価するためのタスクとなる。課題マスに止まった子どもが頼み役となるカードを用いる。頼み役と断り役の2人は，「ビデオカメラ」の前に立って課題を行うこと）	B5の1/6	子どもの数
3)	自由マス	白	グループでマスの内容を相談して決める。 例　ダジャレを言う，動物の真似をする，自己紹介をする……	B5の1/8 白紙	2枚

4. 内容と進め方　　計90分

❶すごろくをつくろう（35分）

1）すごろくの作り方の説明を聞く（5分）

すごろくの見本を見せて，これから行う活動を理解させ，自分たちが作るすごろくのテーマのイメージをふくらませる。「マスの説明」が書かれた模造紙も提示する。

2）「話すときのコツ」「聞くときのコツ」を説明する（5分）

すごろくを完成させるためにはグループでうまく話し合うことが必要であることを伝え，話すときのコツと聞くときのコツを説明する。

※これらのスキルが子どもたちに身についていると考えられる場合は，この部分を省略してもよい。

◆話すときのコツ（話し合いの場合）
1. みんなにむかって話す
2. みんなに聞こえやすい声で話す
3. はっきりと話す

◆聞くときのコツ
1. 話す人のほうに顔と体をむけて聞く
2. よそ見やよそごとをせずに聞く
3. うなずいたりあいづちをうったりする
4. 最後まで聞く

‣ PAのためのビデオ撮影開始　★1
　‣　PAの対象場面　グループでの話し合い場面から，実際にすごろくを作り終えるまで
　‣　ターゲットスキル　話すスキル・聞くスキル・協力スキル・調整スキル・応答性スキル
　　　　　　　　　　　（頼むスキル・断るスキル）

3）グループで，どんなすごろくにするのかを話し合う（10分）
　グループでどんなすごろくにするかを話し合い，すごろくシート（10-1）の1〜3番に記入する。
　（1）グループで，どのようなテーマのすごろくを作るかを話し合い，すごろくのタイトルを決める。
　＜テーマの例＞　島巡り，洞窟の探検，動物園，海底，学校散歩，世界一周，宇宙旅行など
　（2）2つの自由マスのお題の内容を話し合って決める。
　（3）スタートとゴールのイメージや背景をどういった絵にするかを話し合う。

4）すごろくを作る（15分）
　（1）すごろくのタイトルをすごろくの台紙（模造紙）に書く。
　（2）自由マスにお題を書き込む。
　（3）余白には，背景としてテーマにそった絵やイラストを自由に描く。
　（4）自分のコマを作る。コマには名前を必ず書く。
　（5）すごろくを作るときに工夫したところをすごろくシート（10-1）4番に記入し，グループのすごろくの「タイトル，自由マスのお題，工夫したところ」を全体に発表するときの役割を決める。

　※作業が終わったグループから休憩を入れるとよい。作業が遅れているグループは休憩時間中に仕上げる。

‣ PAのためのビデオ撮影中断

❷すごろくで遊ぼう（35分）

1）できあがったすごろくを発表する（10分）
　グループごとに，すごろくを全体に見せながら，タイトル・自由マスのお題・工夫したところを発表する。

2）作ったすごろくで遊ぶ（10分）
　（1）各グループにサイコロを配付し，各自のコマをスタート位置に置く。
　（2）順番を決めてすごろくゲームを開始する。

‣ PAのためのビデオ撮影再開　★2
　‣　PAの対象場面　課題マスで「頼む」「断る」を演じる場面のみ
　‣　ターゲットスキル　頼むスキル・断るスキル

　（3）課題マスを1回目に通る際は必ず止まり，課題カードの指示に従い，ビデオカメラの前で，頼む・断るを行う。課題カードはそのマスに止まった子どもが頼み役を行うものを用いる。

(4) 8分間でゲームを終了する。

▶ PAのためのビデオ撮影中断

---

(5) 司会者が「1位だった人は手を挙げてください」と指示し順位を確認する。
　※ゲームは，子どものみで行うが，子どもが欠席の場合はスタッフが代わりに参加する。これは，課題カードにあらかじめ頼み役と断り役がペアで指名してあるため，欠席者の代理がタスクをしなければペアの相手のタスクも観察できないためである。

3) 他のグループが作ったすごろくで遊ぶ（約15分間，1回7分で2回）
　(1) 隣のグループに移動する（各自，自分のコマを持っていくこと）。
　(2) ここではタスク（頼む・断る）を行わないため，課題マスは無効とする。そこで，子どもが移動する間に，スタッフが課題マスに黄色マスを貼り付けておく。
　(3) 2)の要領でゲームをする。

❸ シェアリングとまとめ（20分）

▶ PAのためのビデオ撮影再開　★3
▶ 　　PAの対象場面　グループでの話し合い場面と全体への発表場面
▶ 　　ターゲットスキル　話すスキル・聞くスキル・調整スキル・応答性スキル

---

1) シェアリングする
　他のグループのすごろくで遊んだ感想（おもしろかったところ）をグループでシェアリングし，すごろくシート（10-1）の5番に書き込む。
2) グループごとに発表する
　すごろくシートの5番について，グループの意見を全体に発表する。

▶ PAのためのビデオ撮影終了

---

3) まとめをする

＜まとめの例＞

　今日は，みんなですごろくを作って楽しく遊びました。すごろくを作るとき，タイトルや自由お題などを決める話し合いはうまくできましたか。話し合いがうまくいかなかった人は，話すときのコツや聞くときのコツのうち，どれかがうまく使えていなかったのかもしれません。もう1度，これらのコツを思い出してみましょう。また，すごろくを作っているとき，みんなで力を合わせて作業ができると気持ちがよく，また，結果としてステキなすごろくができたと思います。さらに，すごろく遊びをしたら，自分たちのすごろくや他のグループのすごろくのよいところをいっぱい発見できました。ひとりで遊ぶのも楽しいですが，こうやって友だちと遊ぶのもとっても楽しかったですね。

4) わくわくトライの説明を聞く

「話すときのコツ，聞くときのコツはできているかな？」シート（10-3）にある課題を家族や友だちに話し合ってもらい，その様子を観察してコツができているかを記入してくるよう伝える。

ココがポイント！

　グループで遊び心を発揮して，みんなで大好きな絵を描きながら遊び道具を作り，実際に遊んでみることで，その楽しさを確かめられます。すごろくを完成させるには，テーマの設定を始め，提案して意見を調整しまとめていくという力が求められます。しかし，「すごろくで遊べる！」という楽しみが待っているからこそ，少しくらい大変なことでも，みんなで何とかがんばってまとめ，完成できるのです。また，実際に遊んでみると，数々の工夫してきたことをなかまと一緒に確かめることができるため，いっそう盛り上がります。

　すごろくを作る作業はけっこう時間がかかりますので，あらかじめ，「○分までに作る」という作業時間を知らせておき，作業中にもときどき残り時間を知らせるとおおよそ時間通りに進めることができます。逆に，時間に余裕がある場合は，白紙の模造紙と色マスをグループに配り，すごろくの線を書くことから始まる全ての工程を子どもに作らせると，達成感はいっそう大きなものになります。線をどんな形状にするのか，スタートとゴールをどこにするか，たくさんの色マスをどう配置するかなど，決めることが増えるため，時間は15分ほど多くかかります。

　すごろく遊びでは，まず，自分たちの作ったすごろくで遊びます。ゲームのおもしろさに加え，作業中の工夫が思い返され，できあがったすごろくへの愛着も深まることでしょう。一方で，他のグループのすごろくで遊ぶのもとても楽しいものです。自分たちのすごろくとできばえを比べることができるため，その作品のよいところや工夫されているところにも気づきやすいですし，それを作成者にフィードバックすることによって，互いに認め合える経験ができます。

　なお，この活動ではPA評価を行いますが，すごろくでは止まったマスの指示に従わなければならないというルールが子どもの間でも共有されているため，ターゲットスキルを自然と表出させることができます。

10-1 すごろくシート

すごろくシート

グループ名 _____

1. すごろくのテーマとタイトル

2. 自由マスのお題
①

②

3. スタートとゴールのイメージ，背景(はいけい)の絵

4. すごろくを自分のグループで作るときにくふうしたところ

5. 他のグループのすごろくのおもしろかったところ

10-2 課題カード

（縦線，横線で切り取り，カード状にする）

たのむ人	たのむ人
ことわる人に下のことをたのんでください	ことわる人に下のことをたのんでください
こわれたテレビを 修理（しゅうり）してほしい。	ガタガタするイスを，あなたの イスと交換（こうかん）してほしい。
ことわる人	ことわる人
ことわる人はそれをことわってください	ことわる人はそれをことわってください
たのむ人	たのむ人
ことわる人に下のことをたのんでください	ことわる人に下のことをたのんでください
最近（さいきん）あなたが買った ゲームがほしい。	このすごろくで，私（わたし）が１位で ゴールしたことにしてほしい。
ことわる人	ことわる人
ことわる人はそれをことわってください	ことわる人はそれをことわってください
たのむ人	たのむ人
ことわる人に下のことをたのんでください	ことわる人に下のことをたのんでください
お腹がすいたので，おにぎりを 買ってきてほしい。	私の宿題を， あなたにしてほしい。
ことわる人	ことわる人
ことわる人はそれをことわってください	ことわる人はそれをことわってください

話すときのコツ，聞くときのコツはできているかな？

　　　　　　　　　　　　　　　　　　　　　　名前＿＿＿＿＿＿＿＿＿＿＿＿＿

家族や友だちに，
1. 子どものあなたは大人になったら何をしたいか，大人のあなたは子どもに戻ったら何をしたいか
2. 秋の食べ物では何が一番好きか
3. 家族で行ってみたいところはどこか

のどれかについて話し合ってもらいましょう。みんなは，家族や友だちが話すときのコツや聞くときのコツができているかを観察して，○をつけてくださいね。

★〔　　　〕番について話し合いました。

話し合ってくれた人 話すときのコツ 聞くときのコツ				
☆　みんなにむかって話す				
☆　みんなに聞こえやすい声で話す				
☆　はっきりと話す				
☆　話す人のほうに顔と体をむけて聞く				
☆　よそ見やよそごとをせずに聞く				
☆　うなずいたりあいづちをうったりする				
☆　最後まで聞く				

★話すときのコツ，聞くときのコツが，特にじょうずにできていた人はだれですか？

〔　　　　　　　　　　　　　　　　　　　　　　　　〕

★その人のどういうところが特によかったですか？

〔　　　　　　　　　　　　　　　　　　　　　　　　　　　　　〕

6. PA 評定のまとめ方と実例

　タスクが含まれた活動を行い，その場面の映像を撮影することで，評定のための準備がととのいます。ここからは，その映像をもとに実際に評定をまとめるやり方を紹介します。ここでは，活動例 10-①の「すごろくをつくって遊ぼう」でのタスクについて，「4. 本活動で開発したルーブリック」（表 10-1〜表 10-3）を用いて，児童の PA 評定を実際に行った手続きと結果を示します（ここで紹介するものの一部は，廣岡ら（2010）で発表されています）。

1. 評定の手続き

①評定対象児

　2006 年度におけるわくわくコミュニケーションクラブ（わくわくコミュニケーションクラブについては「はじめに」参照）参加児童 4-5 年生 12 名（4 年男子 4 名，同女子 7 名，5 年女子 1 名）。なお，児童は 4 つのグループに割り当てられました。

②評定者

　活動立案と実施者である活動スタッフ 12 名が評定者として 4 グループに分かれ，各グループの児童の評定を児童 1 人につき評定者 3 名ずつが担当しました。

③タスクとターゲットスキル

　1）タスク：すごろくをつくって遊ぼう
　※前ページまでに紹介した活動は，出版にあたり一部修正が加えられています。
　※評定の対象とするタスクにおける児童の行動は，ビデオ撮影によって録画
　　されているものになります。
　2）活動内容とターゲットスキル
　話し合い場面（「すごろくを作ろう」における★1）
　　話すスキル，聞くスキル，協力スキル，調整スキル，応答性スキル（頼むスキル，断るスキル）
　自分のグループのすごろくで遊ぶ場面（「すごろくで遊ぼう」における★2）
　　頼むスキル，断るスキル
　シェアリング場面（「シェアリング」における★3）
　　話すスキル，聞くスキル，調整スキル，応答性スキル

④ルーブリック

　表 10-1〜表 10-3 参照。

⑤評定日

　2006 年 11 月下旬。

⑥評定の手続き

　1）評定者全員が評定方法の説明（ルーブリックの詳細やタスクにおける録画映像を何回観察してもよいことなど）を受けます。

10-4 「わくコミ行動評定」シート

わくコミ行動評定

評定者：＿＿＿＿＿＿＿＿＿＿＿＿＿＿＿
（グループ名：＿＿＿＿＿＿＿＿＿＿）

記入日：　　年　　月　　日

評定段階
1. 全く見られない　2. 初心者程度
3. まぁまぁ　　　　4. だいたいできている
5. 完璧

対象児：＿＿＿＿＿＿＿＿＿＿＿＿＿＿＿

　　　　　　　　　　　　　　　　　最頻行動評定　　最高行動評定
1. Scale Ⅰ：話す・・・・・・・・・・・・　1 2 3 4 5　　1 2 3 4 5
2. Scale Ⅱ：聞く・・・・・・・・・・・・　1 2 3 4 5　　1 2 3 4 5
3. Scale Ⅲ：協力・・・・・・・・・・・・　1 2 3 4 5　　1 2 3 4 5
4. Scale Ⅳ：調整・・・・・・・・・・・・　1 2 3 4 5　　1 2 3 4 5
5. Scale Ⅴ：応答性・・・・・・・・・・・　1 2 3 4 5　　1 2 3 4 5
6. Scale Ⅵ：頼む・・・・・・・・・・・・　1 2 3 4 5　　1 2 3 4 5
7. Scale Ⅶ：断る・・・・・・・・・・・・　1 2 3 4 5　　1 2 3 4 5

対象児：＿＿＿＿＿＿＿＿＿＿＿＿＿＿＿

　　　　　　　　　　　　　　　　　最頻行動評定　　最高行動評定
1. Scale Ⅰ：話す・・・・・・・・・・・・　1 2 3 4 5　　1 2 3 4 5
2. Scale Ⅱ：聞く・・・・・・・・・・・・　1 2 3 4 5　　1 2 3 4 5
3. Scale Ⅲ：協力・・・・・・・・・・・・　1 2 3 4 5　　1 2 3 4 5
4. Scale Ⅳ：調整・・・・・・・・・・・・　1 2 3 4 5　　1 2 3 4 5
5. Scale Ⅴ：応答性・・・・・・・・・・・　1 2 3 4 5　　1 2 3 4 5
6. Scale Ⅵ：頼む・・・・・・・・・・・・　1 2 3 4 5　　1 2 3 4 5
7. Scale Ⅶ：断る・・・・・・・・・・・・　1 2 3 4 5　　1 2 3 4 5

対象児：＿＿＿＿＿＿＿＿＿＿＿＿＿＿＿

　　　　　　　　　　　　　　　　　最頻行動評定　　最高行動評定
1. Scale Ⅰ：話す・・・・・・・・・・・・　1 2 3 4 5　　1 2 3 4 5
2. Scale Ⅱ：聞く・・・・・・・・・・・・　1 2 3 4 5　　1 2 3 4 5
3. Scale Ⅲ：協力・・・・・・・・・・・・　1 2 3 4 5　　1 2 3 4 5
4. Scale Ⅳ：調整・・・・・・・・・・・・　1 2 3 4 5　　1 2 3 4 5
5. Scale Ⅴ：応答性・・・・・・・・・・・　1 2 3 4 5　　1 2 3 4 5
6. Scale Ⅵ：頼む・・・・・・・・・・・・　1 2 3 4 5　　1 2 3 4 5
7. Scale Ⅶ：断る・・・・・・・・・・・・　1 2 3 4 5　　1 2 3 4 5

注：最頻行動評定では，タスク中にどの水準の行動が最も多く見られたかを評定する。
　　最高行動評定では，タスク中に見られた最高水準の行動がどの水準であったか評定する。

2) タスクにおける映像が録画された DVD，ルーブリックと評定のポイント・具体例（表 10-1 ～ 表 10-3），「わくコミ行動評定」シート（10-4）を評定者に 1 部ずつ配付します。

3) 評定者は他の評定者と相談せず，ルーブリックと評定のポイント・具体例に基づいて最頻行動評定（タスク中に最も多く見られた行動に該当する水準の評定）と最高行動評定（タスク中に見られた最高の行動に該当する水準の評定）を行います。また，ルーブリックとタスク改善のため，評定に関する意見や疑問点などを書き留めます。なお，頼むスキルと断るスキルについては，評定の対象場面が限定されており，頼むことや断ることの行動頻出度が低い（頼む行動や断る行動が 1 度しか観察されない場合もある）ことから，最頻行動評定をすることが不適切であると考えて，最高行動評定についてのみ評定することとしました（「わくコミ行動評定シート」（10-4）には，一般的な使用を考え，頼むスキル・断るスキルに関しても最頻行動評定の欄が設けられています）。

2. 評定値を分析した結果

①ルーブリックに基づいた評定値の散らばり

3 名の評定者の評定値をならべ，ルーブリックに基づいた評定値のばらつきを確認しました。

表 10-4 は私たちの活動で得られた結果の一部ですが，3 名の評定者の評定値が一致していたところに斜線をつけ，また，3 名の評定値が 2 以上離れているところに網掛けをしました。こういった表を見て，評定値が大きくくい違っていないか確認します。くい違いが大きいようであれば，再度評定をしたり，場合によってはルーブリックを再検討する必要があります。

表 10-4 対象児童の評定値の例

児童	評定者	最頻行動評定[注]					最高行動評定					
		話すスキル	聞くスキル	協力スキル	調整スキル	応答性スキル	話すスキル	聞くスキル	協力スキル	調整スキル	応答性スキル	頼むスキル	断るスキル
A	1	3	2	5	3	4	5	4	5	3	4	4	4
	2	3	3	3	3	4	4	3	5	3	5	3	4
	3	3	2	4	1	1	4	3	5	1	1	3	3
B	1	5	4	5	5	5	5	4	5	5	5	5	5
	2	4	4	4	3	4	4	4	5	4	4	3	-
	3	4	4	3	5	3	4	4	5	4	4	4	-
C	1	4	4	4	1	4	5	4	5	2	5	5	4
	2	4	3	3	3	4	5	4	5	3	5	3	4
	3	4	4	4	2	4	4	4	4	4	4	-	4

▨ 評定者 3 名の評定値が一致している　　▨ 3 名の評定者間で 2 以上離れている　　- 評定不可能

注：最頻行動評定に「頼む」「断る」が含まれていないことについては，本文を参照。

② スキルの平均値

本活動の対象児童に対する評定によるスキルの平均値を確認します。私たちの活動で得られた結果は図 10-4 の通りでした。

調整スキルは，他のスキルの平均値と比べて，最頻行動評定，最高行動評定ともに平均値が低いという結果がみられました。一方，応答性スキルに関しては，最頻行動評定，最高行動評定ともに平均値が高いという結果がみられました。このことから，本活動に参加していた児童は集団で活動を進めるための働きかけをするようなスキルが苦手であるが，他者からの働きかけに適切に反応することは得意であるという傾向があると考えられます。

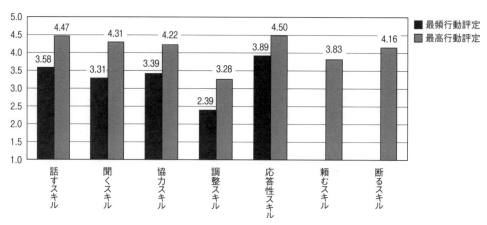

図 10-4　各スキルの最頻行動評定・最高行動評定の平均値（5 点満点）

7. 評定結果の活用方法

PA の A（アセスメント：Assessment）には，「査定」という意味があります。社会的スキルトレーニングの文脈では，個人特有の能力の特徴を明らかにすることをアセスメントと言い，アセスメントした結果に基づいて，苦手な点を引き上げるためのトレーニングプログラムが組まれることになります。つまり，PA という評価は，その子ども（人）の持っているコミュニケーションスキルの長所や短所をアセスメントし，その結果をトレーニングプログラムに反映するためのものなのです。

例えば，「3. PA（Performance Assessment）という評価方法」のところにある，「国語の朗読を評定するためのルーブリック」（p.157，図 10-1）に基づいて，ある教師が K さんの朗読するパフォーマンスを評価し，その結果が以下の通りであったとします。

> 文章の理解度：A レベル
> 声の大きさや読みのスピード：B レベル
> 文章の表現力：C レベル

この結果から考えられるのは，「K さんの朗読するスキルのレベルアップを

妨害しているのは，文章の理解ではなく，文章表現の不得意さである」ということになります。このような検討をふまえて，Kさんの朗読スキルが向上するような指導計画を立てます。例えば，Kさんの「文章の理解度」はすでにAレベルまで到達しているので，こちらに力点を置くのではなく，不得意である「文章の表現力」を鍛えるために抑揚をつけたり感情を込めたりする読み方のお手本を見せることに力を注ぐというような指導計画を立てることができます。

　このように，ルーブリックに基づいてアセスメントした結果によって，単にその子どもが「できる‐できない」だけでなく，その子どものどんなスキルがどのレベルにあるのかを把握することができます。また，そこでの結果は，苦手なスキルをレベルアップさせるためにどのようなプログラムを組み立て，どう実施すればいいのかという計画を立てるための材料となります。さらに，ある時点での評価結果と，一定の期間をあけて再評価した結果を比較することで，その期間中に行われたプログラムによってスキルがどの程度身についたのかを確認することができます。

引用文献

廣岡雅子・秋山美和・奥村元美・古結亜希・横矢祥代・中西良文　2010　小学生のコミュニケーション能力に対するPerformance Assessment（3）―コミュニケーション能力育成活動を通した変化の検討―　三重大学教育学部紀要（教育科学），**61**, 133-144.
松下佳代　2007　パフォーマンス評価―子どもの思考と表現を評価する―（日本標準ブックレットNo.7）　日本標準
西岡加名恵　2002　教育評価の方法　田中耕治（編）　新しい教育評価の理論と方法［1］理論編　日本標準　pp.35-97.

「評価する私」をふりかえる─子どもに原因を求める前に─

　「子どもたちにコミュニケーション力をつけようとソーシャルスキルトレーニング（以下，SST）をしてみたんだけど，なんか形式的なやり取りになってしまって…。子どもたちは，きっと頭の中ではどうすれば良いかわかってるんですよね。でも実際の場面でうまく使えるんやろか？これで子どもたちは本当に変われるのかなぁ…。」
　同僚の先生が一生懸命取り組んだ授業の後にこう漏らした。この先生は，日頃から子どもの様子をていねいに観察・記録し，たくさんの参考書を読み，教具もばっちり整えて授業に臨むような非常に熱心な先生だ。しかし，授業中の子どもたちの反応や手ごたえが全くなかったことで，いささか自信をなくして職員室に帰ってきた。
　近年，教育現場でもコミュニケーション力を高めるための取り組みがクローズアップされ，実践されている。「伝えあう」「学びあう」といった言葉が研究テーマに入っている学校も少なくない。私自身も，クラスの子どもたちと関わっていると「上手にコミュニケーションがとれない子がいるな」と感じるし，実際にSSTを教育実践に活用している。しかし，最近よく思うことがある。「自分のコミュニケーション力は，大丈夫か？」と。そして，そのたびに繰り返し思い出す言葉がある。初任者の時に，先輩の先生たちが飲みながら諭してくれた言葉だ。「今日の授業は，子どもたちがやりたくなるような授業の雰囲気じゃなかったね。あなたがやりたいだけの授業でよかったのかな？」「君は一方的な見方で子どもを見てるかもしれない。子どもにとって，それってしんどいと思うよ。」「お前の授業は講演会か？お前がしゃべればしゃべるほど，子どもたちが話し合う時間や機会を奪うんだぞ。」「もちろん授業が大事だ。でも，授業後の子どもたちの様子をよく見て，ほめたり励ましたりすることを忘れたら，子どもたちに力はつかないよ。」「子どもたちに大切なのは未来。だからこそ，先を見据えた継続的な取り組みが必要なんだ。一回の授業で子どもたちを変えようなんて，そんなの教師の思い上がりだ。」一つひとつの言葉の中に，子どもとの向き合い方を変えていくヒントがあり，これらの言葉が私自身のコミュニケーション力をふりかえる尺度にもなっている。
　さて，先述した同僚の先生と悩んでいた授業の反省を一緒にしてみることになった。「受容的な雰囲気はあったか？」「やりたいと感じる仕掛けがあったか？」「本当に必要な課題だったか？」「活動する時間が十分保障されていたか？」「授業後の変化をとらえて，ほめることができたか？」「この後，どんな取り組みを計画しているか？」など，（しつこく？）質問をする中で，その場では気づかなかった子どもの成長や教師としての課題が見えてきた。「形式（スキル）を実践（行動）につなげるためには，周りにいる人からのほめ言葉やクラス全体の雰囲気づくりが欠かせないなぁ」「私たちも話し合ってみると，見えてくるものがたくさんあったなぁ。やっぱ，コミュニケーションって大事やね。」…同僚との話し合いは何ともありがちな結論に至ったが，このような反省の繰り返しが教師として子どもたちのコミュニケーション力を高めるための大切なプロセスであり，スキルアップをはかるための有効な手段なのだと実感した。

終章
よりよいコミュニケーション力を育成する活動をめざして

1. よりよいコミュニケーション力を育成する
―学習心理学の観点から―

　本書で紹介してきた活動では，子どもが持っているコミュニケーションについての知識を単に増やすだけでなく，実際に「うまくコミュニケーションがとれるようになる」ことをめざしています。では，コミュニケーションがうまくとれるようになるにはどうすればよいのでしょうか。

　私たちの活動は，子どもがうまくコミュニケーションをとれるように「学習」することを支援しているものだと考えられます。そこで，終章の前半では，学習のプロセス，すなわち，よりよい学びがもたらされる過程について取り上げ，それらについて考えることを通して，うまくコミュニケーションをとれるように「学習」することを支援するため，どのように活動をデザインしていけばよいかについて考えます。ここでの内容は，本書で紹介した活動を構成する際のベースとなっているものです。これらを理解することによって，本書で紹介した活動についてより深く理解できるだけでなく，本書で紹介した活動案をアレンジする際や，新たに活動案を考案する際に，どのようなことに気をつければよいかについても明確になるでしょう。

　さて，うまくコミュニケーションがとれるようになるということは，本書で紹介したような活動において学んだことを，「日常生活で生かせるようになる」ということだと考えられるでしょう。これらは，学習心理学の領域のひとつである「学習の転移」という領域で検討されてきました。「学習の転移」とは平たく言うと，ある場面で学習したことを別の場面で用いるということです。この「学習の転移」には，①学んだ内容を理解すること，②実際にどう使うかについて知ること，が重要とされています。さらに，普段の生活の中で，積極的にこれらを生かしていこうとする姿勢を身につけるためには，③動機づけを高めること，も重要になります。そこで，これからそれぞれの観点について考えていきます。

①学んだ内容を理解すること

　米国学術会議（邦訳 2002）は，学習の転移において重要な条件について，ウェルトハイマー（Wertheimer, M., 1959）で取り上げられていた例（図1）を挙げながら論じています。この例は，平行四辺形の面積を求める子どもに関するものです。すなわち，平行四辺形の面積が，公式を使うとなぜ計算できるのかを理解しながら学習した子どもと，単に公式を「暗記」しただけの子どもとを比べると，外観が異なる平行四辺形の面積を求める際に，公式の意味を「理解」した子どもは答えを導くことができるのに対し，「暗記」した子どもは答えに困ってしまう様子が示されています。このように，学習した内容を他の場

理解群
　理解群には，図に示すような平行四辺形の構造関係（平行四辺形の左側の三角形を右側に移動することができる）を理解させた。彼らは，すでに三角形の面積の求め方を知っていたので，このような平行四辺形の構造関係を理解させることにより，簡単に面積を求めることができた。

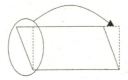

暗記群
　暗記群には，図に示すように平行四辺形に垂直線を引いて，記憶した公式を機械的にあてはめさせた。

転移課題
　両群とも，平行四辺形の面積を求める学習課題には正しく解答したが，下記のような図の面積を求める転移課題には，理解群だけが正しく解答した。

図1　平行四辺形の面積を求める子どもの例（米国学術会議，邦訳2002）

面で生かすためには，内容を深く理解することが重要であるといわれています（米国学術会議，邦訳2002）。

　本書で紹介した活動では，コミュニケーションについての理解を深めるために，例えば何らかのスキルを学習する際にも，単にやり方を伝達されるだけではなく，スタッフのデモンストレーション（コミュニケーションが上手なモデルや下手なモデルの演技）を見ることによって，どのような行動をするのが望ましいのか，そして，なぜ望ましいのかについて，子ども自身で考えながら学習を進めていきます。こういった学習によって，単にコミュニケーションに関わる情報を「知る」だけではなく，それらについての「理解」が深まると考えられます。

②実際にどう使うかについて知ること

　学習の転移が生じるためには，知識をどこでどのように使うか，といった知識を身につけることも重要です。ここでいう知識とは，そのような事実を知っているという「宣言的知識」と呼ばれる知識だけではなく，体で理解するといった「手続き的知識」も含まれます。さて，ギックとホリョークによる研究（Gick, M. L., & Holyoak, K. J., 1980）では，将軍が軍勢をいくつかに分けて敵の要塞で集結させ，その集結させた軍勢に要塞を攻めさせるという話を実験参加者に読ませ，その後，同様の解決手法を用いることができる課題（放射線で腫瘍を死滅させるという課題）を実施させています。その結果，前に読ませた

話（将軍の話）はその課題の解決にほとんど用いられませんでした。しかしながら，実験参加者に，前の話を参考にしながら解決をするように，と指示すると，前に読んだ話（将軍の話）を後の問題解決（腫瘍を死滅させる課題）に用いることが見出されました。このように，学習した内容を他の場面で用いるためには，その内容を理解することに加え，その知識をどのように使うのかという知識も重要になります。

　本書で紹介してきた活動では，学習者にこういった知識を身につけさせるため，学習した内容を実際に「使う」という練習体験（エクササイズ）を重視し，できるだけ現実の社会的場面に近いような場面をゲームという形で導入しました。ゲームを楽しみつつ無理なく練習することを通して，知識をどう使えばよいか，ということを体験的に理解できるように工夫がなされています。このような工夫によって，コミュニケーションについて学んだことをどう使えばよいかという知識が身につきやすくなると考えられます。

③動機づけを高めること

　知識を実際に使うには，やはり「使ってみよう」というやる気，すなわち動機づけが必要です。動機づけに関する研究の中に，「自分はうまくできる」という「期待」と，「それをすることに意味がある」と考える「価値」の組み合わせから動機づけをとらえる，期待×価値理論というものがあります。ここではこの期待×価値理論の観点から考えていきたいと思います。

　まず，「期待」に関しては，「自分はうまくできる」と考えることであり，自己効力感やいわゆる自信と呼ばれるものもここに含められると考えられます。これらがないと，「どうせできない」と考えてしまうため，動機づけは高まりません。この「期待」を高めるためには，「自分の行動によって良い結果が得られたのだ」という感覚を得ることが重要であると考えられています。本書で紹介してきた活動では，スタッフが折に触れて子どもを積極的に褒めるようにしています。また，一連の活動の区切りを迎えるごとに子どもに渡す修了証（第8章参照）に，それぞれの子どものよいところや成長したところなどの肯定的メッセージを書いて本人に伝えています。このような工夫をすることによって，子どもが自分の学習成果に気づき，この先も「自分はうまくできる」という「期待」が高まることが予想されます。

　一方，価値については，課題が面白いという「興味」が，課題に対する価値の1つであるとされています。本書で紹介してきた活動では，子どもたちがもともと興味を持っていると思われるものを取り入れたものがありますが（例えば，探検隊になって宝探しをする課題（第7章参照）など），こういった「やってみたい」とわくわくするような魅力的な活動を組み込んでいくことで，子どもたちにおけるコミュニケーション活動の価値は高まると考えられます。

　また，価値に関しては，学んだことが実用的である，という「有用性」も重要だと考えられています。この点については，活動の随所で，学んだことをどのような場面で生かすことができるのかについて，デモンストレーションも織り交ぜながら強調しています。これによって，子どもが，コミュニケーション活動に有用性があるという「価値」を感じることが期待できます（なお，この点については，前項の「②実際にどう使うかについて知ること」とも関係が深いところになります）。

以上のように，①〜③で挙げたような観点を意識しながら活動をデザインすることによって，より効果的に子どものコミュニケーション力を育成することができると考えられます。

2. コミュニケーション力の高い社会をめざして

　本書では，「子ども」のコミュニケーション力をいかに育てていくかについて具体的な活動案をもとに考えてきましたが，それらの活動案は私たちがこれまで行ってきたわくわくコミュニケーションクラブ（「はじめに」参照）での活動を基にしたものでした。さて，この活動には，子どもたちだけでなく，「大人」も実施者として関わっています。では，このような活動を行っている実施者側には，どのような影響がもたらされるのでしょうか。さらに，より大きな社会的視点からみると，このような活動を行うことでどのような影響があるでしょうか。終章の後半では，活動の実施者側の変化に視点を移して，コミュニケーション力育成活動が持つと考えられる波及効果について考えていきます。

　私たちは子どものコミュニケーション力を客観的に捉えるためにPA (Performance Assessment) という評価方法に基づいてルーブリックとタスクを作成して，彼らのコミュニケーション力がどのようなレベルにあるのかを評価しています（第10章参照）。その際，子ども自身による主観的な評価ではなく，活動の実施者が評定を行いました。そのようなことを行った結果，評定者であった実施者において，子どもを見る視点がより多様化し複雑になったことが示されました（廣岡ら，2008）。すなわち，実施者は，社会的スキルの「話す，聞く，応答する，協調する，調整する，頼む，断る」という視点から子どもの行動を捉えるようになり，それによってスキルの種類ごとに目の前の子どもがどのレベルまで学習したのかをその場で即座に把握した上で，次のレベルを習得できるように働きかけることが可能になったのです。このように，子どもの社会的スキルの習得レベルをより正確にとらえることができれば，それに合わせて対応できるようになりますので，実施者は，コミュニケーション力育成を目的とする活動の場だけでなく，日々の関わりの中でも，子どものコミュニケーション力をより高められる働きかけができることになります。

　実施者側に見られたもう1つの影響として，自身のコミュニケーション力についても意識するようになったということが挙げられます。例えば，活動の中で実施者は，しばしば「あいさつのコツ，話すときのコツ，聞くときのコツ，頼み方のコツ，断り方のコツ」についての説明を行ったり，デモンストレーションをしたりしていますが，実施者は日常においてもこれらのコツを実際に使うようになり，その結果，自身のコミュニケーションが上達してきたという報告を実施者から毎年受けています。これと同様に，期間ごとの一連の活動終了時に保護者から回答をいただくアンケートにおいても，わくコミに子どもが通うことで保護者自身のコミュニケーションを見直すようになったという回答をいただくことがあります。これは，大人の側のコミュニケーション力が発達した，と捉えることができるのではないでしょうか。子どものコミュニケーション力不足の背景には大人のコミュニケーション力不足が見え隠れしているように思われます。そのため，大人のコミュニケーション力が高まっていけば，子ども

のコミュニケーション力の発達に対してもよい影響が与えられると期待されます。

　このように，コミュニケーション力を育成する活動を行うことによって，子どものコミュニケーション力が高められると期待できることはもちろん，実施者や保護者など子どもに関わる大人も日常のコミュニケーションに関心を持つようになり，大人の側のコミュニケーション力も高まっていくことが期待されます。そしてさらに，周囲の人たちも触発されてコミュニケーションについて関心を持ってくれるかもしれません。コミュニケーションに関心を持つ人が増えることでその周囲の人の関心もますます高まっていくのであれば，コミュニケーション力を高めようと心がける人が社会にどんどん増えていくという好循環が生まれることが期待できます。

　ところで，世界には自分とまったく同じ考えや感性を持った人は存在しません。それどころか，社会のグローバル化に伴って，文化や専門領域が異なる人同士の交流が盛んになったため，異質な価値観や考え，感性に出会うことも増えつつあります。それによって，新しいアイデアが生み出されたり，自分だけではできなかったことができるようになったりもします。しかし，その際には異質な考えを持つ人とうまくやりとりする柔軟性が求められます。また，近年いわゆるクレイマーの数が増え，その対応に苦慮しているという現実もあります。このように，社会生活では，誰もが他者との葛藤場面に遭遇することがあります。しかし，個人の利益をめぐって人と闘ったり異質性を排除しようとするのでなく，互いにうまく折り合いをつけることでよりよい社会生活を営むことができます。つまり，相手を言い負かしたり無視したりするなどというのでなく，また，逆に波風を立てたくないという理由から自分だけががまんするというのでもなく，対等な人間同士として相手を尊重し共感しながら自分を過不足なく伝えていくといったコミュニケーションが必要とされるのです。このように，あきらめずに相手とコミュニケーションをとり続けるからこそ，互いの利益となるようにするにはどうすればよいかという糸口が見つかるのです。これは，短期的には時間や手間といったコストがかかると感じられるものの，長期的にみれば互いにとっての利益は大きいわけですし，他者との関係が持続可能なものとなるのです。

　本書では，子どものコミュニケーション力を育成することについて考えてきましたが，それがめざすところは，より高いコミュニケーション力を持った人が増えることによって，考えや立場や価値観の違う人々で成立しているこの社会に，共感的・持続的・互恵的な人間関係が構築されることです。そして，それによって**人間の社会生活がより豊かなものになる**ということです。

　本書のような活動を行うことが，子どものコミュニケーション力を高めるのみならず，大人のコミュニケーション力の向上も期待できるのであれば，私たちが行っているような働きかけは，これらの実現に貢献していけるのかもしれません。

　私たちは，学校や地域社会で，子どもと大人の両方のコミュニケーション力を高めていこうという機運がさらに高まることを願ってやみません。そのために本書がいくらかでも参考になりましたら幸いです。

引用文献

米国学術会議（著）森敏昭・秋田喜代美・21世紀の認知心理学を創る会（訳） 2002 授業を変える―認知心理学のさらなる挑戦― 北大路書房 (National Research Council 2000 *How people learn: Brain, mind, experience and school.* National Academy Press.)

Gick, M. L., & Holyoak, K. J. 1980 Analogical problem solving. *Cognitive Psychology*, **12**, 306-355.

廣岡秀一・中西良文・秋山美和・横矢祥代・伊藤由恵・東由華・廣岡雅子 2008 小学生のコミュニケーション能力を高めるための実践活動が教育学部の学生にもたらす発達的変化―わくわくコミュニケーションクラブの実践を通して― 三重大学教育学部紀要, **59**, 277-289.

Wertheimer, M. 1959 *Productive thinking.* New York: Harper and Row.

あとがき

　「わくわくコミュニケーションクラブ」というボランティア活動は，2004年4月から，三重大学の学生とともに，本書を執筆している2016年度の今日まで続いています。
　実施場所や対象学年，年間開催回数などは状況に応じて変わっていますし，子どもはもちろん，スタッフである大学生も毎年入れ替わっています。ですが，活動に改良を重ね，プログラム自体も年々進化させており，小学生のコミュニケーション能力を高めるという目的は揺らぐことなく続いています。
　小学生にコミュニケーション能力をつけてもらうにはどうすればいいのだろうと考え続けて関わっていますから，毎年度の終わりには，人前で小さな声でしか話せなかった子どもたちが堂々と話せるようになったり，人の話を聞くことが苦手だった子どもたちが最後まで聞けるようになったりと大きく成長していきます。その成長ぶりに励まされながら，私たちも「上手なコミュニケーションが支える気持ちのよい人間関係」の恩恵にあずかっています。
　この活動を始めた当初は，今日まで10年以上も続くものとは思いもしておりませんでした。また存続の危機も何度も経験してきましたが，新年度に小学生の参加者を募集するたびに多くの応募をいただきました。子ども自身が友だち関係で苦戦する，あるいは保護者様が我が子のコミュニケーション能力を心配するというような理由からの応募に，私たちは期待と責任の大きさを感じて奮い立って続けて参りました。
　また，実施者側の学生スタッフにも，コミュニケーション能力の向上はもちろん，企画力，責任感，達成感，子どもを支援する喜びなどももたらしました。
　「コミュニケーション」をキーワードにした活動が，これほどの拡がりを見せるなどとは予想もしていませんでしたが，わくわくコミュニケーションクラブを通じてその効果を実感し，豊かな世界を経験することができました。
　この喜びを皆様に知っていただきたく出版に努めて参りましたが，この度ようやく機会を得ることができました。本書の出版にあたり，草稿段階の原稿をご覧いただき，まだ不完全なものであったにもかかわらず，出版を決断していただいたナカニシヤ出版の宍倉由高様，また，出版までの幾たびにわたる修正を根気強くサポートして下さった山本あかね様には心よりの感謝を申し上げます。また，わくわくコミュニケーションクラブのスタッフであった三重大学の多くの大学生・大学院生，その他のみなさんによって，活動案の開発と実施後の丁寧なふりかえりやブラッシュアップが行われ，これによって本書で細やかな工夫や配慮にも触れたユニークな活動案を紹介することができました。さらに，幾たびにわたる校正の際にも丁寧に確認をしていただきました。本当にありがとうございました。また，この出版は発起人の一人である故廣岡秀一の悲願でもありました。
　対面する会話の機会が少なくなったと言われる一方，人と人との結びつきを表す「絆」に注目が集まる時代に，この本がコミュニケーションの基本を思い起こすきっかけになれば幸いです。皆様が，温かなコミュニケーションを通じて気持ちのよい人間関係を築き，豊かな生活を過ごされますように祈っております。

2016年7月16日

付　録

わくわくコミュニケーションクラブ　活動一覧表（2004年～2014年）

2004年度　津市立南が丘小学校　参加児童24名

	回	日にち	内容	テーマ	通算回数
春クラス	第1回	4月10日	気持ちのいいあいさつをしよう	あいさつ・自己紹介	1
	第2回	4月24日	名刺交換＆質問じゃんけんゲーム	あいさつ・グループ内の交流	2
	第3回	5月8日	みんなで森をつくろう	共同制作	3
	第4回	5月22日	わくわく表情ゲーム	NVC・表情・感情	4
	第5回	6月12日	感情を伝えるジェスチャーゲーム	NVC・表情・感情	5
	第6回	6月26日	聞き上手になろう	傾聴	6
	第7回	7月10日	頼み方・断り方	アサーション	7
	第8回	7月24日	今までの活動をふり返ろう	ふり返り	8
秋クラス	第1回	9月18日	気持ちのいいあいさつをしよう	あいさつ・自己紹介	9
	第2回	10月2日	みんなで作って楽しもう！わくわくすごろく	共同制作	10
	第3回	10月16日	わくわく大捜査線	問題解決課題	11
	第4回	10月30日	ものの見方のクセに気づき，いろいろな可能性を考えよう	ものの見え方・クリシン・他者視点	12
	第5回	11月20日	観察力と感情表現を養おう（社会的スキル尺度）	表情・感情	13
	第6回	12月4日	わくわくふりかえり	ふり返り	14
冬	第1回	2月5日	たくさんの人と話してみよう	あいさつ・自己紹介	15
	第2回	2月26日	わくわく探検隊！―協力してお宝をさがせ―	問題解決課題	16
	第3回	3月12日	コツを活かして交流・別れの花束	ふり返り	17

2005年度　津市立南が丘小学校　参加児童24名

	回	日にち	内容	テーマ	通算回数
春クラス	第1回	5月7日	みなさんはじめまして	あいさつ・自己紹介	18
	第2回	5月28日	お魚天国―海ができたら，大漁だ！―	共同作成	19
	第3回	6月4日	相手の話を聞こう	傾聴	20
	第4回	6月18日	旅行わくわく宇宙船	問題解決課題	21
	第5回	7月2日	わくわく二十面相!?	表情・感情	22
	第6回	7月16日	今までの活動をふり返ろう	ふり返り	23
秋クラス	第1回	9月17日	みなさんよろしくね	あいさつ・自己紹介	24
	第2回	10月1日	わくわくすごろく（PA評定課題）	共同制作	25
	第3回	10月15日	気持ちのいい頼み方	アサーション	26
	第4回	10月29日	断り方のコツ	アサーション	27
	第5回	11月19日	相手の立場に立ってみよう	他者視点	28
	第6回	12月3日	僕たち，わくわくヶ丘探検隊（PA評定課題）	問題解決課題	29
冬クラス	第1回	2月11日	力をあわせて	自己紹介・共同作成	30
	第2回	3月4日	頭をフル回転！	グループ交流・問題解決課題	31
	第3回	3月18日	砂漠で遭難　さぁどうする？（PA評定課題）	問題解決課題	32

2006年度　津市立南が丘小学校　参加児童24名

春クラス	第1回	5月20日	ゲームで自己紹介	あいさつ・自己紹介	33
	第2回	5月27日	虫のおはなしをつくろう（PA評定課題）	共同作成	34
	第3回	6月10日	聞いている人に伝えよう	傾聴	35
	第4回	6月24日	うまく頼めるかな	アサーション	36
	第5回	7月8日	上手な断り方を知ろう！	アサーション	37
	第6回	7月21日	怪盗わくわくんからの挑戦状（PA評定課題）	問題解決課題	38
秋クラス	第1回	9月30日	はじめまして，こういうものですが	あいさつ・自己紹介	39
	第2回	10月14日	いろいろな見方	他者視点	40
	第3回	10月28日	気持ちのいい頼み方・断り方	アサーション	41
	第4回	11月11日	感情を表現する顔	表情・感情	42
	第5回	11月18日	わくわくすごろく（PA評定課題）	共同作成	43
	第6回	11月25日	思い出せ！わくわく思い出クイズ	ふり返り	44
冬クラス	アンコール	3月3日	わくコミランド建設計画	問題解決課題	45

2007年度　津市立北立誠小学校　参加児童8名

春クラス	第1回	6月2日	みなさんはじめまして　ゲームで自己紹介	あいさつ・自己紹介	46
	第2回	6月16日	いろいろな見方	他者視点	47
	第3回	6月30日	話せ！聞け！わくわくインタビュー！	傾聴	48
	第4回	7月12日	虫のおはなし(台風のため中止)	共同作成	中止
秋クラス	第1回	9月22日	はじめまして，ドキドキ自己紹介	あいさつ・自己紹介	49
	第2回	10月6日	魚のおはなしを作ろう	共同作成	50
	第3回	10月20日	気持ちよく頼んで・断って	アサーション	51
	第4回	11月17日	気持ちあてっこクイズ　この気持ってどんな顔？	表情・感情	52
	第5回	11月24日	思い出クイズ　私は誰でしょう？	ふり返り	53
冬クラス	第1回	3月1日	わくコミランド建設計画	問題解決課題	54
	第2回	3月8日	わくわく大捜査線	問題解決課題	55

2008年度　津市立北立誠小学校　参加児童9名

春クラス	第1回	5月17日	みなさんはじめまして　わくわく神経衰弱	あいさつ・自己紹介	56
	第2回	6月7日	魚のうんどうかいをかこう	共同作成	57
	第3回	6月14日	めざせ！おしゃべり名人！	傾聴	58
	第4回	6月28日	いろいろな見方	他者視点	59
	第5回	7月12日	怪人20面相	表情・感情	60
秋クラス	第1回	10月4日	はじめまして，こういうものですが	あいさつ・自己紹介	61
	第2回	10月18日	もしかしたら!!	他者視点	62
	第3回	11月8日	気持ちよく頼んで・断わって	アサーション	63
	第4回	11月29日	わくわくすごろくを作って遊ぼう	表情・感情	64
冬クラス	第1回	3月1日	わくわく海賊団	問題解決課題	65
	第2回	3月8日	わくわく紙芝居	問題解決課題	66

2009年度　津市立北立誠小学校　参加児童5名

	第1回	5月9日	みなさんはじめまして	あいさつ・自己紹介	67
	第2回	5月23日	わくわく虫とり	共同作成	68
	第3回	6月13日	頼んでみよう・断ってみよう	アサーション	69
	第4回	6月27日	伝えよう自分の気持ち	表情・感情，問題解決	70
	第5回	7月11日	涙のお別れ，すごろく大会！	ふり返り	71

付　録　189

2009 年度　三重大学　参加児童 17 名

第1回	10月4日	みなさんはじめまして		あいさつ・自己紹介	72
第2回	10月22日	めざせ！聞き名人話し名人		アサーション	73
第3回	10月20日	見方のクセに気づこう！		クリシン	74
第4回	11月17日	気持ちよく頼んでみよう・気持ちよく断ってみよう		アサーション	75
第5回	12月5日	クリスマスプレゼントを頼もう！		共同作成・アサーション	76
第6回	3月1日	わくわく海賊団―沈没船なぞなぞ号に隠された秘宝―		問題解決・アサーション	77
第7回	3月8日	思い出クイズ		ふり返り・他者理解	78

2010 年度　三重大学　参加児童 24 名

第1回	5月15日	みなさんはじめまして	あいさつ・自己紹介	79
第2回	6月5日	魚たちの公園を描こう	共同作成・聞く	80
第3回	6月19日	物の見え方のクセ・気持ちの読み取り方のクセ	クリシン・表情・感情・話す	81
第4回	7月3日	頼み方名人になろう！	アサーション	82
第5回	7月17日	みんなのいいところみーつけた	断る・ふりかえり	83
第6回	10月9日	2学期もよろしくね！	あいさつ・自己紹介	84
第7回	10月16日	みんなの森をつくろう	共同作成・話す・聞く	85
第8回	11月20日	上手に断ろう！	頼む・断る	86
第9回	12月4日	伝えよう！自分の気持ち（PA評定課題）	感情表現・葛藤解決・アサーション	87
第10回	12月18日	くりすますごろく	共同作成・話す・聞く・頼む・断る	88
第11回	2月19日	イライラ虫をやっつけよう	アンガーマネジメント	89
第12回	3月5日	わくコミの宝を取り戻せ！	問題解決	90

2011 年度　三重大学　参加児童 30 名

第1回	5月14日	みなさんはじめまして	あいさつ・自己紹介	91
第2回	6月11日	とりたちの学校をつくろう	共同作成・聞く	92
第3回	6月18日	いろいろな気持ちを表してみよう	クリシン・表情・感情・話す	93
第4回	7月2日	あまの川にねがいを	アサーション	94
第5回	7月16日	思い出（だ）すごろく	ふりかえり	95
第6回	10月8日	2学期もよろしくね！	あいさつ・自己紹介・話す・聞く	96
第7回	10月29日	もしかしたランドに行こう！	錯視・クリシン	97
第8回	11月19日	上手に断ろう！　タノミマス	頼む・断る	98
第9回	12月3日	わくわく海賊団！	問題解決，頼む	99
第10回	12月17日	伝えよう自分の気持ち　ぐうたらサンタ	感情・葛藤解決・気持ちを伝えるコツ	100
第11回	2月18日	楽しい行事の海で魚つり！	共同作成・話す・聞く・気持ちを伝える	101
第12回	3月3日	思い出の花をさかせよう	あいさつ・話す・聞く・頼む・断る・気持ちを伝える・ふりかえり	102

2012年度　三重大学　参加児童31名

第1回	5月12日	みなさんはじめまして	あいさつ・自己紹介	103
第2回	6月9日	オバケの学校をつくろう	共同作成・聞く	104
第3回	6月16日	海でサバイバルゲーム	話す・聞く	105
第4回	6月30日	気持ちのいい頼み方	頼むアサーション	106
第5回	7月14日	1学期のまとめ	ふりかえり	107
第6回	10月6日	2学期もよろしくね！	あいさつ・自己紹介・話す・聞く	108
第7回	10月27日	ねこたのぼうけん	話し合いのコツ	109
第8回	11月10日	気持ちのいい頼み方・断り方	頼む・断る	110
第9回	12月8日	気持ちや受け止め方のいろいろ	気持ちの表現・読み取り・クリシン	111
第10回	12月15日	くりすますごろく	感情・葛藤解決・気持ちを伝えるコツ	112
第11回	2月16日	イライラ虫をやっつけよう	アンガーマネジメント	113
第12回	3月2日	わくコミの木をさかせよう	あいさつ・話す・聞く・頼む・断る・気持ちを伝える・ふりかえり	114

2013年度　三重大学　参加児童27名

第1回	5月18日	みなさんはじめまして	あいさつ・自己紹介	115
第2回	6月8日	みんなの家	共同作成・聞く	116
第3回	6月15日	頼みごと名人になろう	頼むアサーション	117
第4回	7月13日	一学期のふりかえりゲーム	あいさつ・話す・聞く・頼む	118
第5回	10月19日	2学期もよろしくね！	あいさつ・自己紹介・話す・聞く	119
第6回	10月26日	気持ちのいい断り方	頼む・断る	120
第7回	11月9日	わくわく海賊団！	話す・聞く・頼む・断る・話し合い	121
第8回	11月23日	気持ちや受けとめ方のいろいろ	気持ち表現・読み取り・クリシン	122
第9回	12月14日	くりすますごろく	共同作成・あいさつ・話す・聞く・頼む・断る	123
第10回	2月22日	いろいろな見え方・とらえ方	話す・聞く・話し合い	124
第11回	3月1日	宝物のその先に！	あいさつ・話す・聞く・頼む・断る	125

2014年度　三重大学　参加児童6名

第1回	5月10日	みなさんはじめまして	あいさつ・話す・聞く・自己紹介	126
第2回	6月7日	魚のスポーツ大会	共同作成・話す・聞く	127
第3回	7月2日	上手な頼み方・やさしい断り方	頼む・断る	128
第4回	10月25日	気持ちや受けとめ方のいろいろ	気持ち表現・読み取り・クリシン	129
第5回	11月22日	やさしい断り方	頼む・断る	130
第6回	12月10日	くりすますごろく	共同作成・あいさつ・話す・聞く・頼む・断る	131
第7回	2月14日	無人島SOS	話す・聞く	132
第8回	3月7日	思い出の花を咲かせよう	あいさつ・話す・聞く・頼む・断る	133

2015年度　三重大学　参加児童27名

第1回	5月23日	15waku1st みなさんはじめまして	あいさつ・話す・聞く・自己紹介	134
第2回	6月13日	15waku2nd 魚のお楽しみ会	共同作成・話す・聞く	135
第3回	7月11日	15waku3th 無人島SOS	話す・聞く	136
第4回	10月24日	15waku4th 2学期もよろしくね	話す・聞く・気持ち表現・読み取り	137
第5回	11月14日	15waku5th 気持ちや受けとめ方のいろいろ	気持ち読み取り・クリシン	138
第6回	12月12日	15waku6th じょうずな頼み方・やさしい断り方	頼む・断る	139
第7回	2月14日	15waku7th わくわく海賊団	問題解決，頼む・断る	140
第8回	3月5日	15waku8th 思い出の花を咲かせよう	クリシン・あいさつ・話す・聞く・頼む・断る	141

南が丘小学校　夏休み教室　参加児童　各回24名

2008年度	第1回	8月5日pm	すごろく大会	共同作成，話す・聞く	142
2009年度	第1回	8月4日am	怪人二十面相に挑戦	感情表現	143
	第2回	8月4日pm	ペーパー虫つり大会	共同作成，話す・聞く	144
2010年度	第1回	8月3日pm	見え方・感じ方のふしぎ	錯視，クリシン，感情表現	145
	第2回	8月4日pm	魚のまちのつり大会	共同作成，話す・聞く	146
2011年度	第1回	8月1日pm	無人島でサバイバル？ゲーム	話す・聞く	147
	第2回	8月2日pm	わくわくすごろく大会	共同作成，話す・聞く	148
2012年度	第1回	8月6日pm	見え方・感じ方のふしぎ	錯視，クリシン，感情表現	149
	第2回	8月7日pm	わくわくすごろく大会	共同作成，話す・聞く	150
2013年度	第1回	8月5日pm	無人島SOSゲーム	話す・聞く	151
	第2回	8月6日pm	わくわくすごろく大会	共同作成，話す・聞く	152
2014年度	第1回	8月6日pm	見え方・感じ方のふしぎ	錯視，クリシン，感情表現	153
2015年度	第1回	8月4日pm	イライラ虫をやっつけよう　※参加児童7名	アンガーマネジメント，リフレーミング	154

索引

あ

あいさつ　7
　　——のコツ　10, 15, 20, 23, 27
アイスブレーキング　147
アイデンティティ　2
アサーション　3, 47
アセスメント　176
ありがとう　70
暗号台紙　124
暗号のヒント　124
色んなかおゲーム　69
ウォーミングアップ　147
動きの足し算　153
海をつくろう　106
エビングハウスの大きさ錯視　80, 89
援助行動　99
えんぴつゲーム　148
応答性スキル　100, 114, 162, 167, 168, 173
お魚天国―海ができたら，大漁だ！―　105
お魚天国魚釣りゲーム　106
　　——得点表　109
大人のコミュニケーション力　182
思い込み　47, 77
折り合い　99, 113
おりがみじゃんけん　150

か

カードあわせゲーム　10
学習効果　156
学習心理学　179
学習の転移　179
課題カード　171
価値　181
葛藤　47, 99, 131, 183
からだじゃんけん　149
感情推測　64
感情表現　64
感情を伝えるジェスチャーゲーム　67, 70
聞き上手になろう　31
聞くスキル　4, 29, 100, 114, 161, 167, 168, 173
聞くときのコツ　33, 44, 118, 138, 166
期待　181
　　——×価値理論　181
決めつけ　77, 81
気持ちのよい頼み方・やさしい断り方　56
キャラクター　52, 60, 81
共感　97
競争　2

協同学習　2
共同作業　99
興味　149, 181
協力スキル　100, 114, 161, 167, 173
木を描こう　102
クールダウン　147
言語的コミュニケーション　63
現実の社会的場面　158, 181
肯定的なメッセージ　139
交流　19, 103, 108, 115, 164
断り方のデモンストレーション　58
断り方の模範例　59
断るスキル　5, 48, 100, 163, 167, 173
断るときのコツ　59, 62
コミュニケーションスタイル　34
コミュニケーション力　1
ごめんなさい　70

さ

最高行動評定　175
最頻行動評定　175
錯視　77
　　——図形　80
3人で上手な聞き方を練習しよう　33
ジェスチャー　40, 64
シェパード「恐怖の洞窟」　89
シェパード錯視　80
自己効力感　99, 113, 140, 181
自己紹介　7
自己評価　155
自己表現　48
自信　7, 48, 99, 113, 118, 140, 144, 181
視線　37, 42
実施者　182
社会的クリティカルシンキング　4
ジャストロー錯視　89
じゃんけんボーリング　149
13枚の情報カード　120
集団効力感　99, 113
集団問題解決　113
修了証　144
主張　47
しょうとくたいしゲーム　151
しりとりばくだん　153
信頼感　108
すごろくシート　170
すごろくをつくって遊ぼう　164
成功体験　8, 99

宣言的知識　180
ソーシャル・サポート　1

た
ターゲット（目標）スキル　155, 167, 168, 173
隊長からの指令　119
他者の視点　5, 45, 77, 148
他者評価　155
タスク　156, 160, 173
達成感　21, 99, 108, 113, 164, 169
頼み方のロールプレイ　51
頼むスキル　5, 48, 100, 163, 167, 173
頼むとき・断るときの注意点　58, 62
頼むときのコツ　51, 57, 62
探検隊への指示書　123
地域社会　183
知識をどのように使うのかという知識　181
注視　151
調節スキル　100, 114, 162, 167, 168, 173
伝わりにくいジェスチャー　69
伝わりやすいジェスチャー　69
手続き的知識　180
伝言ゲーム　40, 152
動機づけ　2, 181
どきどきインタビュー　16
どきどき課題・解答用紙　122
どきどき自己紹介　10

は
波及効果　182
はじめまして，こういうものですが―名刺交換ゲーム―　19
話し合い　114, 118
話すスキル　4, 29, 100, 114, 161, 167, 168, 173
話すときのコツ　39, 44, 118, 138, 166
パフォーマンスアセスメント（Performance Assessment; PA）　156, 167, 168
　　――評定　173
般化　52, 141
ピア・サポート　97
非言語的コミュニケーション　3, 63, 71, 161, 162
引っ込み思案な子ども　11, 48, 71
ビデオ撮影　160, 168

ヒミツの質問　23
評価　155
　　――方法　155
表情　63, 71
評定結果の活用方法　176
ピラミッドの部屋　解答図　125
ピラミッド見取り図　121
ヒントカード　135
フィック錯視　80
ヘリング錯視　80
ポッゲンドルフ錯視　80
ポンゾ錯視　89

ま
みなさん，はじめまして―どきどき自己紹介―　9
みなさん，よろしくね―どきどきインタビュー―　14
ミュラー・リヤー錯視　80
みんなで森をつくろう　101
名刺交換＆質問じゃんけんゲーム　23
名刺交換ゲーム　20
目配り　30
　　――で伝言ゲーム　40
　　――に気をつけて話してみよう　37
　　――を意識した話し合い　38
ものの見方のクセ　79

や
役割分担　99, 100, 113
有用性　181

ら
理解　179
ルーブリック　156, 159, 175
ロールプレイ　31, 34, 51
別れの花束　142

わ
わくわく宇宙船どきどき月旅行のゲーム　129
わくわく思い出クイズ　141
わくわくバスケット　153
わくわくピラミッド探検隊―協力してお宝をさがせ！―　115
わくわくまちがいさがし　151

【監修】
廣岡秀一（ひろおか・しゅういち）
元三重大学教育学部教授
2007年没
専門：社会心理学，教育評価，子どもの社会性育成に関する研究，クリティカルシンキング志向性に関する研究
略歴：
1987.04　愛知淑徳短期大学専任講師
1991.04　愛知淑徳短期大学助教授
1992.04　愛知淑徳大学文学部助教授
1995.10　三重大学教育学部助教授
2005.04　三重大学教育学部教授
2005.04　三重大学高等教育創造開発センター教授（兼任）
2005.09　三重大学学長補佐
主要論文：
「クリティカルシンキングに対する志向性の測定に関する探索的研究」（共著，三重大学教育学部研究紀要（教育科学），51, 161-173. 2000年）
「社会的状況の認知に関する多次元的研究」（単著，実験社会心理学研究, 25, 17-25. 1985年）
「学校教育実践における社会心理学の活用―現場教師と研究者のさらなる連携を目指した試案」（単著，三重大学教育学部附属教育実践総合センター紀要, 22, 35-42. 2002年）
著書：
「教室で学ぶ「社会の中の人間行動」―心理学を活用した新しい授業例―」（共著，明治図書出版. 2002年）

【執筆者一覧】（五十音順　*は編者）

古結亜希（こげつ・あき）
名古屋市北部地域療育センター
担当：序章（共著）

里中洋典（さとなか・ようすけ）
志摩市立東海小学校教諭
担当：コラム2

樋口美和（ひぐち・みわ）
四日市市立日永小学校教諭
担当：第9章，第10章（共著）

中西良文（なかにし・よしふみ）*
三重大学教職大学院教授
担当：終章（共著）

廣岡雅子（ひろおか・まさこ）*
三重大学非常勤講師，津市スクールカウンセラー，松阪市幼児相談員
担当：序章（共著），第1章，第6章，第7章，第10章（共著），終章（共著）

前川由華（まえかわ・ゆか）
四日市市立西朝明中学校教諭
担当：第2章，第3章

松森元美（まつもり・もとみ）
津市立一志東小学校教諭
担当：終章（共著）

横矢祥代（よこや・さちよ）
担当：序章（共著），第4章，第8章，第10章（共著）

横矢　規（よこや・ただす）
鈴鹿市立牧田小学校教諭
担当：第5章，コラム1

わくわくコミュニケーションプログラム
心理学を活用した実践と評価

2016 年 12 月 10 日　初版第 1 刷発行
2022 年 3 月 10 日　初版第 2 刷発行

監修者　廣岡秀一
編　者　廣岡雅子
　　　　中西良文
発行者　中西　良
発行所　株式会社ナカニシヤ出版
〒 606-8161　京都市左京区一乗寺木ノ本町 15 番地
　　　　　　Telephone　075-723-0111
　　　　　　Facsimile　075-723-0095
　　　Website　http://www.nakanishiya.co.jp/
　　　Email　iihon-ippai@nakanishiya.co.jp
　　　　　　郵便振替　01030-0-13128

装幀＝白沢　正／印刷・製本＝ファインワークス
Copyright © 2016 by S. Hirooka
Printed in Japan.
ISBN978-4-7795-0781-6

本書のコピー，スキャン，デジタル化等の無断複製は著作権法上での例外を除き禁じられています。本書を代行業者等の第三者に依頼してスキャンやデジタル化することはたとえ個人や家庭内の利用であっても著作権法上認められておりません。